1番の夢を叶えるために

水崎朝恵

Asae Mizusaki

ミニアップル＆
パピヨンアレンジ

ミニサイズの青りんごと
蝶のモチーフのメルヘンアレンジ。
夢の世界の蝶が舞いおりたみたい。

＊バラ、スプレーバラ、アジサイ、ミスカンサス

ケーキアレンジ

バラとアジサイでつくった
ケーキのようなアレンジ。
キャンドルを添えて、バースディパーティ。

*バラ、アジサイ

カップケーキ
アレンジ

バラのプリザーブドフラワーで
本物のカップケーキのようにアレンジ。
バラとチュールがかわいいでしょ？

＊バラのプリザーブド

夢を叶える
フラワーBOX
お花に夢を語ると叶えてくれるよ！
見えるところに置いて、
毎日話しかけてね。
＊バラのプリザーブド

エクレアアレンジ

横長のまるでエクレアのようなアレンジ。
お花が透けて見えるように、
マカロンやギモーヴ、スモールマドレーヌを
添えて、アフタヌーンティーはいかが?

*バラ、トルコキキョウ

マカロンアレンジ

マカロンのようなかわいい花器に
マカロンをあしらったアレンジ。
スイートな気分を味わってね。

*芍薬、スプレーバラ、アジサイ

まえがき

この本を手にとって頂き、誠にありがとうございます。
あなたと出会えたこと、とてもうれしく思います。

この本は、起業をして20年目の節目に刊行されました。
忘れもしません、女性起業家になりたいという夢を、心の中でこっそり誓った高校生の自分を。

夢は叶えられましたが、実際には自分がそんなに立派なわけでもなく、お客様をはじめとする、御取引先、業者さんやスタッフに助けられていまがあります。もしかしたら、自分の意思や意見を貫こうとするために迷惑をいっぱいかけてきたかもしれません。もしかしたら、夢を叶えるとはそういうこともありうるのかもしれません。

自分のやりたいことを叶えるということは、簡単なようであり難しいものです。必死すぎるあまり自分のことしか考えてないように思われたり、お客様のためにと一生懸命やっていても上手くいかず、悲しかったり悔しかったりもしました。でも、そうそう悲しんでもいられず、自分の考えかたを変えていき、何が原因か何がいけないのかを冷静に分析していくという日々を繰り返してきました。そのあいだ私は、多くのことを自分で感じ一つひとつ学んでいくことで、結果多くの人に助けられ多くの愛を感じて、さらに一人ひとりの人生の重みや人の大切さが身に沁み、心から大事だと思えるようになりました。

いつも必死に生きてきた私には、夢を叶えることを〝やめる〟ということが1番できませんでした。何度となく考えましたが、それが私には1番できないことでした。きっと人生すべてを、夢のためだけに必死に生きてきたからこそ、やめてしまったら私のいままでは一体なんだったのかしらと思ってしまう。それが1番できないことだったのでしょう。

何かにトライ・チャレンジをするということは、とても勇気がいります。覚悟がいります。でも、やってみなければわからないし、どうしてもやってみたいという気持ちになってしまう私。まるで子どもが、熱いから触っちゃだめよと言われているのに、本当かなと触りたくなる感じのようです。

そんな私が、自分の経験でにがい思いをいっぱいしてきたからこそ、皆様が夢を叶えるために私がしてきたことを、この本の中にわかりやすく短くまとめてみました。全て経験からのことしか書いていません。

そして私は、初めから何もかもできたわけではなく、どちらかというとコンプレックスがいっぱいあったためできなかった。だからこそ、いろいろ工夫をし、多くを知り感じ気づいたことがアサエメソッドやアサエマジックになりました。実際に取り入れてきて、本当によい結果を得られましたし、よい気持ちで自分自身でやり遂げ、自分を信じることができたから、〝自信〟がつき、また、チャレンジしてみたいと思うようになれました。いろいろなことを感じるってよいことです。それがとても悲しいことであってても乗り越えられたときは、素晴らしいプレゼントが用意されています。

私は、皆さんに起業をして欲しいとも思います。なぜなら、生きている感が満載ですから……。でもね、そこまでしなくても、何か小さなことでもよいからトライ、チャレンジをしてみて欲しいのです。いろんな自分が発見できるし、目標があるとやりがいもある。そして、自分らしさという魅力が出てくる気がします。キラキラオーラが……。

何かにトライしている人には魅力があります。必死に生きている人は素敵です。どんなことにも一所懸命生きている人には強くてよいエネルギーを感じます。人生は一度限りです。時間にも限りがあります。とりあえずという言葉を使う人もいますが、私たちにお試しの時間はありません。いまこの瞬間こそ本番なのです。身体と相談しながら、ときには無理をしたり、ゆっくりでも一歩一歩前に進む。でも、疲れてしまったり、いろいろなことがあったときにこの本を読んで欲しい。また夢がない人にも読んで欲しいのです。

私の人生もまだまだですが、少しでも参考になる人がいてくれたならば、それだけで嬉しい限りです。いろいろな意見を持ちながら、読んでいただけましたら幸いです。

さあ、これからさらに新しい未来が待っています。

Contents

Chapter3 もし、つらかったら

Chapter4 トライしよう！

Chapter5

もう一歩幸せになるために

Chapter6

もう、もう一歩幸せになるために

Chapter1

1番の夢を叶えよう！

「1番を叶える」リストを書く

私の手帳には、「夢を叶えるリスト」が入っています。

これまでに書いてきた夢や目標は、ほとんど叶えてきました。10代の頃から夢見ていた「女性起業家になる」も、リストの1番上に入っていたこと。創業したのはリストに書いてから9年目。叶ったしるしのチェックを入れたときは、本当に感無量でした。

このリストの書きかたにはちょっとしたコツがあって、1番やりたいことを1番上に書くのが私のルール。そして叶えるために取り組む順番もつけるのです。

1番やりたいことは1番上に。そうやって頭の中にキープしてきました。

1番のものが叶ったときには、2番を繰り上げて1番にする。それを繰り返していると、「1番のものを叶える」っていう癖が定着していくのです。

「いつも1番が叶えられる自分」って、考えただけでもワクワクドキドキしませんか？　なんだか、魔法使いにでもなったかのような気分よね。

期限（希望期日）をつけることもとても大事で、これを書くことで、夢が一気に具体的なものになってきます。それに順位と日付を書いておくと、それが頭に残っていくので、自然とその方向に動いていくようになるのです。

このとき、夢が叶ったときのイメージをできるだけ具体的に描写するのもポイントなのです。

私は20代の頃、あこがれていた車があって車種や色はもちろん、どんなシチュエーションで乗りたいかを映像でイメージしていました。

My Dream Come True

1番を叶えるリスト

夢は見るものではなく、叶えるものである。

どうしたら叶えられるか、考え、工夫しよう。

叶えられるまでやり続けよう！　あきらめるナ〜絶対。

思いが強い順	取り組む順番	叶ったら♥マーク	私の叶えたいこと	希望期日	変更期日
1	4		女性起業家になりたい	10年以内	
2	3	♥	留学したい	6月から	
3	5		ステキな女性になる	いつでも	
4	2	♥	お金をためる（留学するため）	6月に行くまで	
5	1	♥	いろいろなアルバイトをしよう	短大中	
6	7		やせたい	いつでも	
7	9		結婚したい	自分がよーしと思ったら	
8	8		彼氏がほしい	ほしいけど仕事が優先かな	
9	10		オープンカーに乗りたい	起業してから	
10	6		ステキな人と友人になる	いつでも	

それをリストにも書きこんで、見るたびに「いいな〜」って想像していました。

本当に欲しいものがあるなら、どんなに時間がかかっても、それを最優先にすることが大事。

叶えるのはいつも1番の夢。夢を叶えるリストを上手に使って、ナンバーワンに囲まれた人生に変えていきましょう！

Point

1番を叶えられる自分になろう。
叶ったときの自分を映像でイメージして、モチベーションを上げよう。

自分が主役になってる？

自分の人生では、自分が主役です。
でも世の中には、脇役になっている人が多いように思えます。

遠慮しちゃうというか、他人を優先しちゃうというか……。私も子どもの頃はそういうタイプでした。「いい子になりたい」という願望もあったし、「自分よりもまわりがよければ自分も幸せ」、みたいに思っていたところもあったりして。それも大事なことではありますが。

でも、角度をちょっと変えて見ると、それって楽なほうを選んでいるだけなんじゃないかな？　脇役って、主役よりもちょっとだけ楽だったりするし、責任をとらなくてよかったりもするし……。

何であれ、あなたの物語の主役はあなたです。あなたの物語は主役であるあなたによって紡がれるのです。

あなたの行動、選択でストーリーが展開し、あなたの心の動きが物語に奥深さを与えます。物語はあなた次第で変わるのです。だからこそ、主役として日々過ごして欲しいのです。

自分の足でちゃんと立ち、自分の手で未来を切り拓く。自分で進路を決めて、自分で責任をとる。誰かの意見に流され、誰かの後ろを歩いていくのではありません。自分が主役になって人生と向き合うことは、ときとして大変なこともありますが、とても大事なことです。自分の人生を大切にしてください。

もし、あなたがいま「自分の進みたかった人生」から遠ざかっていると感じていたら、それはあなたが主役になっていないからかもしれませんね。そんなふうに思っている人がいたら、私は「あなたが主役になって！」と言ってあげたくなります。

仕事にしてもプライベートにしても、自分が主役にならないと、本当の意味で何の気づきも得られないし、どういう人生を送ればいいかもわからない。でも、主役なんだと意識して行動すれば、頭がフル回転して、いろいろなことがわかってきます。

まずは、「自分は主役である」と自分の中で強く意識してください。2番手じゃないんだ。自分が主役なんだ、という自覚を持ちましょう。

大事なのは自分で決めていくことです。誰かによって、幸せか、幸せでないかが決められるのではありません。

人に決めてもらう人生は楽ですが、うまくいかなかったとき、どうしても人のせいにしたくなりませんか。

一方、自分で決断して行動していく人生はどうでしょう。うまくいっても、いかなくても自分の責任。壁にぶち当たることもあるでしょう。それでも、人のせいにできないので、嫌でも自分と向き合います。その結果、その人は多くの気づきを得られるでしょう。

人はみんな、何億分の一という確率でこの世に生を受けた存在です。せっかくこの世に生まれてきたのに、自分で決められない人生を送るなんて、本当にもったいないことです。

自分が主役になり、自分で決断する人生を歩んでいれば、喜びや幸せも、いままでの何十倍も強く感じられます。

あなたの人生はあなたが主役。誰よりもワクワクする人生をあなた自身の手でつかみ取りましょう!

Point

あなたの物語の主役はあなた。

あなたが輝くことが大事。

主役だと意識すれば、見えるものが変わる。

なりたい自分を空想する

子どもの頃、大人になったときの自分、なりたい自分をあなたは空想しましたか？

大人になると、あまりしなくなっちゃうものらしいのですが、私はいまでも空想すること、想像することが大好きなんです。

空想は、息をすることと同じように、みんな平等に与えられていること。しかもお金がかからない。いくらしてもタダなんですよ。

だったらそれを活用したほうがよくないですか？

私はフルに活用してました。子どもの頃から、大人になって大変な思いをした時期も、しょっちゅう空想してました。

雲ひとつ見てもいろんなイメージがわいて、どんどん空想が広がって、物語をつくったり……。

そんなふうに大人になったときの自分を思い、水崎朝恵のストーリーを描いてきました。いま振り返ってみると、すごくいい習慣だったかなと思います。空想してイメージを強く持つと、自分の求めていることがよくわかってくるのです。

とくに自分が主役になって生きていくためには、絶対に必要なこと。

なぜなら、頭の中にないものは実現できないけれど、頭の中にあるものは実現できるから。

大人になったいまからでも遅くはありません。なりたい自分を空想してみてください。

こうなりたい。ああしたい。それが叶ったら、次はこうして……。

空想をどんどん広げて、あなたがなりたいイメージを明確にしていきましょう。

そして、その次はどうしたらそれが実現できるのか、じっくり考えることも大事です。

フラワーデザイナーをめざしていた20代のとき、私はとても貧乏で洋服も年に一枚買ったか買わないかという時期がありました。

そんなときも、夢を叶えた自分をイメージして楽しんでいました。眠る前に空想して、映像を頭の中に浮かべながら眠りについていました。どんなに狭いお部屋でも目をつむれば皆一緒。夢の中では限りなくイメージできるのです。

でも、それがあったから頑張れた。がむしゃらに頑張った。

そして、その頃の夢がいま叶っています。

なりたい自分について、あまり考えたことがない――という人は、ぜひチャレンジしてみてください。何といっても、空想するのはタダですから。

お金がなかったり、時間がなかったりして、そのときは実現できなくても、いつもイメージワクワクトレーニングをしておけば、実現できるタイミングになったとき、迷わずパッと手にとれるようになれますよ。

繰り返しますが、頭の中にあることは実現できるのです。

本当に叶えたい夢があるなら、頭の中でイメージしてみて。そこからすべてが始まるのです。

Point

空想を広げて、なりたい自分のイメージを明確に。

頭の中にないものは実現できない。イメージワクワクトレーニングは重要。

逆算して計画する

夢の実現に欠かせないのは、逆算して計画すること。

「1番を叶えるリスト」に書いた夢や目標は、ゴールに立った自分の姿を空想することでより現実に近づきますが、それだけでは足りません。

リストに書かれた〝期限〟までにちゃんと実現するには、時間を区切って、その中で何をすればいいかを具体的に書き出すことが大事です。

私は高校生のとき、「将来必ず女性起業家になる」と心に決めていましたから、逆算して、小さな目標をたくさんつくりました。この先、どこで何をし、何を学び、どんな経験を積んだらいいかを、自分なりに調べて書き出していったのです。

必ず叶う計画表

逆算して計画する

ゴール

女性起業家になりたい

女性が代表になっても、おかしくない業種に決める
そのための勉強や、資格があれば取得する。

↑（逆算）

ステップ 3

その前にOL、会社員を経験しよう

将来必ず雇用することになるのを考えて、
社員として働いてみよう。
全体を把握できるような会社に入っていろいろ知ろう。

↑（逆算）

ステップ 2

留学する

これからの世の中はきっと、
世界中でビジネスが可能かもしれないから、
完璧でなくてもいいから、感覚を得よう。

↑（逆算）

ステップ 1

いろいろなアルバイトをする

留学するためのお金を貯めながら、どんな仕事が
世の中にあるのか、いろいろな経験をしよう。

リストを書いて行動して、大変なこともあったけど必死に頑張ったら本当に独立できました。そしておかげ様で20年目を迎えることもできました。

夢や目標は、行動して始めて、現実のものになるのです。

リストの中に小さな会社に就職して、ＯＬの経験をすることも入れました。

「どうしてわざわざ就職？　それじゃ、遠回りじゃないの？」

と思われる人もいるかもしれませんね。

でも、起業家になるということは、いつかは人を雇うことになるわけです。それなら一応ＯＬも経験しておかないと、人を雇う側になったとき、雇われる人の気持ちがわからないだろうなって思ったからです。

小さな会社にしたのにも、ちゃんと理由があります。

小さな会社なら、ひとりでいろんな仕事を任されるので、会社というものの全体像が早くわかるようになると思ったから。

そこで5年間働いたおかげで、いろんな経験をさせてもらって、経営の基本的なことを学ぶことができました。

夢の計画書は、それを現実にするためのドリームマップ。

「これをすればいい」ということが明確にわかれば、迷うことはないはずです。

もしもあなたに、ずっと思い続けている夢や目標があるのなら、ぜひ逆算して計画を立ててみてください。

そして計画に沿って、自分の足で着実に夢に近づいていって欲しいのです。

Point

夢や目標は、行動しないと現実にならない。

夢から逆算して、期限を区切って、小さな目標をクリアしよう。

子どもの感情で夢を追う

小さい子どもに、「将来何になりたい？」って聞くと、パイロットとか、お医者さんとか、歌手とか、スポーツ選手とか、みんな目を輝かせて口にしますよね。

ところが、少し大きくなってくると、「ぼくは成績が悪いから、お医者さんは無理だよ」「私はリズム感がいまいちだから、歌手には向いてない」なんていうふうに変わっちゃったりしますよね。子どもから大人になったのかな？

私は大人になっても、「なりたいものには、なりたい！」「好きなものは、好き！」という、子どもの気持ちのままでいます。

子どもの感情で理想を追う。これも私が大切にしているひとつです。

子どものピュアなマインドで考えると、意外なアイディアがわいたり、行動力が出てくるのです。はたから見ると「無理じゃない？」というような壮大な夢も、堂々と心に誓っちゃいます。そして、「無理」とか「できない」ということを言わないし、思わないのです。

大人になっても、「やりたい」「好き」という気持ちにフタをしない。これは、できそうでなかなかできないことだと最近気がつきました。多くの人は、「他人からどう見られているか」を気にしてしまうから。

成長するにつれて、「子どもっぽいと思われるのは嫌だな」「欲望を表に出すのはみっともないな」と考えて、分別のあることしか言わないようになっちゃうみたいなのです。

「なりたいものには、なりたい！」「好きなものは、好き！」って、はっきり言うと、ちょっと大人になりなさいと言われたりもしますからね。

そんなふうに注意されると、だんだん大人の〝フリ〟をするのがいいことだって思い込みが刷り込まれていくようです。子どもっぽいことをやめて、大人になろうとしてしまう。

でも、私が思うに、本気で好きなものに取り組んでいなかったり、ちょっと自信がなかったり、自分を認めていなかったりする人ほど、無理して大人ぶろうとしている気がします。

自分らしく生きたい、自分が主役で生きていきたいと本気で思うなら、迷わず子どもの感情で理想を追いかけていったほうがいい。

どんな制約があろうと、本当に好きでやりたいことがあるなら、あきらめないでそこへ向かっていって欲しいのです。

「大人な自分が本当の私」「大人っぽい人になるのが目標だったの」という人はそれでいいと思いますが、もし、ちょっと無理してるなって思うのなら、大人のフリをやめてみませんか。

人からどう思われようと、いいじゃないですか。

もう一度、閉めていた心のフタを開けて、欲しいもの、好きなもの、やりたいことを表に出してあげて。大人っぽく格好をつけて、ブレーキをかけないで。

そして、子どものように素直な気持ちで、理想に向かってつき進んでいってください。

Point

- 「好き」「なりたい」という気持ちにフタをしない。
- 無理してると思ったら、子どもの頃の気持ちを思い出してみて。

Story

夢を叶えるストーリー1

ＯＬから夢だった女性実業家へ

「絶対に女性起業家になる」。私がそう決めたのは、高校生のときでした。

いったんこうと目標を決めたら、「実現するためには、どうしたらいいんだろう？」って逆算をして、その通りにやっていくのが私のやりかた。目標を10年後に定めて、短大、海外留学、会社に就職というステップを踏んでいきました。

留学先のバンクーバーである日本人の専務さんと知り合い、気に入られてその会社で働くことになったのですが、海外で働く予定が東京勤務になり、それで私も東京に住むことに。それからひとり暮らしのＯＬ生活が始まりました。

その会社では輸入食品を扱っていて、日本全国のデパートに出店していましたから、納品に行ったり、ディスプレイを提案したり、海外出張について いって通訳のようなことをしたりと、やることはいろいろありました。小さな会社だったので、ひとりでいろんな業務を任されました。おかげで、会社経営の全体像をなんとなく、つかむことができました。

忙しく会社勤めをしながらも、独立に向けて着々と準備は進めていました。仕事が終わってからフラワーアレンジメントのレッスンに通って、お花の知識やデザインも少しずつ身につけていきました。

ＯＬの少ないお給料の中から授業料を払っていたので、暮らしは決して楽ではありませんでした。でも、お花の世界で独立するには資格が必須。資格をとらなければ夢を実現できないと思っていたので、とにかく必死だったことを覚えています。

その甲斐あって、１９９５年、ＮＦＤという団体が主催する「日本フラワーデザイン展」で賞をとることができたのです。そのときは、すごくうれしくて、「もしかしたら、そろそろひとりでやってもいいよっていうサインかな」とも思いました。

まずはお教室でも開こうと時間で貸してくれるところを探していたとき、ちょうどタイミングよく会社のすぐ近くの事務所をびっくりするくらい安く借りることができてしまったので、決断をし、そこを拠点にいよいよ起業に向けて動き出そうと思いました。

そうはいっても、ＯＬをいきなり辞めてしまったら、明日から収入がゼロに。事務所の家賃どころか、自宅の家賃も払ってはいけません。そこで、お給料の3倍稼げるようになったら本格的に独り立ちしようと決心し、私の休みのない怒涛の毎日が始まったのです。

最初はアートフラワーをつくってレンタルする事業を始めました。もちろん営業もやりました。飛び込み営業なんて生まれて初めてのことですが、嫌だとか、恥ずかしいなんて言っている場合じゃありません。それに、１００件営業に行ったら、3件くらい受注できたんです。「これは法則だわ」って密かに思いました。

契約がとれたら、次は作品づくりです。平日は会社が終わったら終電までお花をつくり、土日も朝から晩まで、本当にお休みなしで働きづめに働きました。

そして倒れる寸前の10ヶ月後にようやくお給料の3倍の収入になり、会社を辞め起業することができました。このまま働いていたら死んじゃうって感じるほどでしたし、これで自分の仕事のことだけを考えられるって思えた。だから、うれしかったの一言では済まないくらい、本当に心の底からうれしかったです。

振り返ってみると、あのときのバイタリティーはすごかったなと自分でも思います。私にはお金も人脈も経験もないという〝ないないづくし〟だったので、くやしさのあまり、「〝何もない〟がそこにある」と思っていました。でも、いま思えば、夢もあったし、動ける身体もアイディアもあった。何といってもやる気に満ちあふれていた。

夢を原動力に、身体とアイディアをフルに使った10ヶ月間。あれがなかったらいまの私はないんだわと思うと、当時の自分がまぶしく思えてならないのです。お金で買えない本当に大切な大切な経験でした。

Chapter2

自分を
よろこばせて！

自分の中に大親友をつくる

私は毎日「自分の中の大親友」とよく話をしています。

「私さ、〇〇したいと思うけど、ねえ、どう思う?」

というふうに。


この大親友は、どんなときも私を励まし、たまに叱咤激励してくれます。1番の理解者であり、最善のアドバイスをしてくれる私のパートナーです。

あっ、もうお気づきですね。大親友は私自身です。


自分のことは、自分が最もよく知っていますよね。

100パーセントまでわからなくても、きっと誰よりも自分のことをわかっているのは自分。

なぜかわかりますか? それは経験です。自分が経験したことは、自分にしかわかりません。他人と自分とでは経験が違うのです。「自分の中の大親友」は、いままでの自分を最もよく知っています。だから最もいい決断をしてくれるのです。そして四六時中寄り添ってくれる、唯一無二の存在なのです。

私自身、そんなふうに思うようになったのは、会社を経営してからです。

誰かに相談したかったけど、まったく同じ立場の人、同じ状況の人はなかなかいません。そうすると必然的に、自分自身で話をし、決断するしかなかったのです。

「私はこう思うの」
「そうか。でも待って。見かたを変えると違って見えるよ」
「なるほど、じゃ、こうしてみようかな……」

という感じで。

ひとりになって、自分自身と向き合う時間はとても大切です。自分は何をしたいのか、そのためには何をすべきかを考える時間が。

誰かに相談してもいいんですよ。でも最終的には自分自身で決断する。そうしないと自分自身の人生とは言えません。

一日の中で、自分と向き合い、自分自身と会話をする時間を持ってみてください。

つらいことがあったら、いたわってあげる。

「大変だったね。よくやったよ。えらいね」

いいことがあったら、ほめてあげる。

「よかったね。その調子で明日も笑顔でね」

そして、自分の本音も聞いてください。

「本当はどうしたいの?」

その問いにあなたが答えたら、

「じゃ、それを実現するために、どうすればいいかな……。もっとお話しよう!」

と大親友が言ってくれるはずです。


自分に嘘はつけません。ついてはいけません。自分に正直に向き合って、あなたの大親友を、そしてあなた自身を喜ばせてあげましょう。

Point

一日の中で、〝自分の中の大親友〟と話す時間をつくろう。

自分の最大の理解者である〝大親友〟を愛してあげて。

身体は神様からの預かりもの

自分の身体は、神様からの預かりもの。と私は思っています。

身体をつくっている細胞は、両親からＤＮＡを引き継いでつくられるわけだけど、そのＤＮＡは何十、何百世代という気が遠くなるような年月をかけてつくられたもの。まさに神の手によって創造された、どんな芸術品よりもすごい存在なんです。


だから自分自身を喜ばせたいなら、心だけでなく、自分の身体も大切に扱ってあげて。決して、自分で自分の身体を傷つけないであげてください。

「この身体は神様から預かっているんだ」

「きれいな身体で神様にお返ししよう」

と思うと、自然と自分自身をいたわれます。私はそう思うんです。だから毎日身体を優しくなでながら「ありがとう」と話しかけています。

それに、「お預かりしている」と思うと、自分に対してあまりネガティブなことは言えなくなりますよね。身勝手なこともできません。

どうせお預かりするなら、もっと目が大きかったらとか、もっと足が細かったらとか、いろいろ注文をつけたくはなりますが——。

「どうせ自分なんて」って言葉を聞くと、私はこう言いたくなるんです。

「あなたの身体は、あなた自身がつくったわけではないんですよ」

「その言葉、細胞も聞いてるわよ。細胞に失礼なんじゃない？」

細胞というのはけっこう敏感で、悪いものが入ってくると悲しむし、いいものが入ってくると身体中で喜ぶと私は思っています。

細胞を喜ばせてあげたいなら、まず自分の身体のいいところを見つけて、心からほめて欲しいのです。ほめるところがないという人も、必ずどこか見つけて言い続けてください。そうすると、ほめることに慣れてきますよ。

次に、大きく深呼吸をしてみましょう。

現代人って意外と、息をしっかり吸えてない人が多いんですって。私も油断すると呼吸が浅くなってしまいますが……。

まずは、息を思い切り吐いてみて。そうしたらしっかり吸えるから。それだけでも身体のコンディションが全然違ってきます。新鮮な酸素が身体中に行きわたって、細胞が喜んでいるのがわかりますよ。

いますぐできることですから、試しにやってみてくださいね。

食べるものひとつとっても、いいものを身体に入れようと意識してみてください。調味料でも食材でも、身体によくておいしいものって、細胞も喜ぶし、人を喜ばせますよね。

そして、「おいし〜い」って心から言いましょうね。

神様から預かった身体。預かった以上は、うんと喜ばせてあげて、大切に使ってあげる責任があると思うの。

自分の身体をほめ、ゆっくり深呼吸をして、身体にいい、おいしい食べ物を食べて、「おいし〜い」と言い、細胞を芯から喜ばせてあげてください。

そして、預かったときの、きれいなままの身体でお返しできるように、できる限り大切にして、毎日を過ごしましょう。「ありがとう」という感謝の気持ちとともに。

身体がないと、この世では何もできないですからね。

Point

あなたの身体は、何十、何百世代という年月を経てつくられている。

お預かりした身体は、きれいなまま、お返しして。

自分の「すごい」ところをちゃんと認める

自分の「すごい」ところ、ちゃんと認めてあげてますか？

そうたずねると、すぐ首を横に振ってしまう人いませんか？

「すごいところなんか、ひとつもないですよ」

「私なんて、自慢できることがないんです」


日本人は謙遜する人が多いから、つい「私なんて……」と言いがちですが、誰だって「すごい」ところをちゃんと持っているんですよ。

人前では隠しているだけかもしれないし、気づいていないのかもしれない。ひとりになって、「自分のすごいところは？」って考えてみてください。そう考えること自体、あまりしませんよね。

人の顔と名前をすぐに覚えられる。
きれい好きで片付けが得意。
とか……。

それに自分の能力って、人に言われて初めて気づくこともあるんですよね。

○○ちゃんのメールの文章って上手。
△△さんが淹れたコーヒーっておいしいね。
とか……。

大きな会社の業績を上げることも、たしかに「すごい」けど、お茶やコーヒーをおいしく淹れることも、「すごい」ことなのです。

自信を持っていいんですよ。ちゃんと認めてあげましょう。

自信が持てたら、それを意識しましょう。片付けが上手なら、家の片付けだけでなく、会社の机や棚もきれいに整理してみる。コーヒーをおいしく淹れられるのなら、豆の種類や特徴を覚えてみる。

そうすると、興味が広がって、あなた自身の世界も広がるんじゃないかな？

毎日のウキウキ、ドキドキ、ワクワクが増えるんじゃないかな？


「私にも得意なものがある。それって、すごい！」


と思ってみてください。ちょっと、うれしくなりませんか？

自分には何もないなんて思わないで、あなたにも必ず「すごい」ところがある。

そこをちゃんとほめてあげてください。


それに、得意なことって好きなことだったりします。好きなことを自信を持って、もっともっと好きになるって幸せなことだと私は思いますよ。

「すごいんだ」ということをわかって、認めて、自分をしっかりほめてあげる。
そこが大事なこと。

なぜかというと、自分のことを認め、ほめると、そのたびに満足がつみ重なって、幸せに近づいていくから。
自分がすごいんだということを認めてくると、自信が持てるようになる。人に対しても優しくなれる。そして何より、自分自身を喜ばせてあげられますよ。

Point

自分の「すごい」ところを探してみて。必ずあるはずです。
自分の「すごい」ところをちゃんとほめて、自分自身を喜ばせよう。

感情を十分に味わおう

あなたは、感情を十分に味わっていますか？
こう聞くと、「味わうって、どういうこと？」と思う人もいるかもしれませんね。
でも、それはすごく大事なことなんです。

神様から平等に与えられているものがいくつかあると私は思っています。それは、空気を吸う、空想する、感謝するなど、どれもとても大切なものばかり。

この世のあらゆる感情も、みんな神様から平等に与えられたもののひとつです。
うれしい、楽しい、悲しい、欲しい、誇らしい、羨ましい、つらい、怖い、憎らしい――。

意識することは少ないけれど、数えきれないほど多くの感情が、いつも私たちの中をかけめぐっています。それが生きている証なのです。

空想と一緒で、感情も平等に与えられたものだし、味わうことにお金はかからない。タダなんです。私はフルに味わわないともったいないと思っています。

それにたぶん、あの世には「感情」そのものがないのではないかしら。無の世界。だからこの世に生きている間に、いろんな感情を味わいましょう。

ネガティブな感情なんかいらない、という人もいるかもしれませんが、すごく悲しいことがあるからこそ、その後にくる喜びはいつもより強く感じられます。

落ち込んだら、落ち込んだ分だけ、頑張ろうという気持ちもわくし、寂しかったら、寂しさを味わった分だけ、人にも優しくできる。

いろんな感情があるから、私たちの人生は味わい深いものになるし、いろんな感情によって行動にも変化が現れるのです。

楽しいときは、思いっきり楽しみましょう。

つらいときは、つらいという感情を素直に受け入れましょう。自分の中で感情を深く味わって、静かに考えてみたり、納得がいくまで言葉にして唱えてみたりして。そんな時間も必要です。

せっかくこの世に生まれてきて、平等に与えられた色とりどりの感情を、味わわないともったいないです。

最近、忙しくてあまり感情を揺さぶられることがないわって人は、美しいもの、たとえば自然に触れてみてはどうでしょうか。

表に出て、公園の木々や花壇のお花をながめるだけでもかまいません。季節のうつろいを感じ、風を感じ、小鳥のさえずりに耳をすませてみてください。空を見上げれば、ひとつとして同じ形のない雲が流れていきます。

あ、きれいだな。かわいいな。風が気持ちいい……。そんな感情が次々とわいてくるとき、人は「生きているな」って実感できるのだと思います。

感情は、本当は身近にあるのに忘れてしまっていた幸せを思い出させてくれます。

その瞬間、それまでに囚われていたことからふっと開放され、あなたの心が輝きを取り戻すのです。

小さなことでも幸せを感じて、生きていることを実感しましょう。

Point

あらゆる感情は、みんな平等に与えられたもの。

外に出て、風を感じる。

それだけでもあなたの感情が動き出しますよ。

一日の最後に自分をほめる

私は一日の最後に自分自身をほめるようにしています。

「今日もよく頑張ったね」って話しかけながら、自分の身体もいたわってます。

そうすると、疲れがとれるし、気持ちもあたたかくなって、明日も頑張ろうって思えるのです。


日本人って、本当に一生懸命頑張ってしまう人が多いような気がします。とくに仕事に関しては。必死に働くことは大切ではありますが、身体を壊してしまっては、元も子もありません。業種にもよるとは思いますが、「夜遅くまで働くのがえらい」みたいな価値観が残っている……。

若くて体力のあるうちは、エネルギーもあり余っているし、無理もきくから、長時間働くことをなんとも思わないって人もいると思います（私も以前はそうでした）。

でも、どんなに好きな仕事でも、倒れるまでやるのは意味がないと思います。私もスタッフに、忙しいときは、多少のことはみんなで頑張らないといけないけれど、結局続かなくなるから、「身体を壊すほど、無理をしたらダメよ」と言っています。

精神的につらいときって、仕事をしていればいくらでもありますが、身体までつらくなったら、それは相当まいっているということ。

そうなる前に、意識して自分を励ましてあげたり、優しくしてあげたほうがいいと思うのです。

自分に対してきびしい人もそう。どんどん自分を追い込んじゃう。自分で自分をつらい目にあわせてしまう。それって、かわいそうじゃないですか？

だから、まずは自分のことを本当にいたわってあげることが大切。そう思うことがまず大切ですから。

私はお風呂に入ったとき、自分の身体を洗いながら、「みんな、今日もよく頑張ったよね」って話しかけています。

「今日の足、よく歩いた」

「今日の腕、よくやった」

って、手をあてて、優しくなでてあげるのです。

そして湯船につかりながら、一日を振り返ってみて、今日の自分をほめてあげるのです。どんな小さなことでもかまいません。

たとえば、

「今朝は、余裕を持って朝ごはんを食べられたな」

「○○さんの仕事を手伝って、お礼を言われたな」

「いつもより早く、資料をまとめられたな」

自分の中では「当たり前」と思っていることでも、第三者から見たら、「えらいじゃない」とほめてあげたくなるようなことが、きっと見つかります。

神様から預かった身体と心。一日の終わりに感謝をこめて対話してあげてください。そうすれば、翌日もすばらしいコンディションであなたを支えてくれますよ。

そして何よりも、自分のことをほめることができると、自分以外の人もほめることができる。丈夫な身体、豊かな心を持つことが本当に大切なのだと思えますよ。

Point

お風呂の中で、手をあてて自分をいたわってあげて。
今日の自分のよかったところを、
ちゃんとほめてから、眠りましょう。

夢を叶えるストーリー2

私を育んでくれた個性的な家族

私の生まれた水崎家は、曽祖父の代からお花づくりに携わっています。

曽祖父は水崎林太郎といって、岐阜県加納町（現在の岐阜市）の町長をしていたのですが、明治時代に開拓農民として南朝鮮（現在の韓国）の大邱（テグ）へ渡り、お花の栽培で成功をおさめました。そしてその後、全財産をかけ、現地に「寿城池」という大きな貯水池を造り、歴史に名を残すことになります。

完成には10年の歳月がかかったそうですが、「寿城池」ができてからは土地が干上がることもなく、ちゃんと作物が育つようになったので、曽祖父は現地の人からすごく感謝されていて、いまだに毎年お祭りがあり、先日100周年を迎えました。

そんな家に生まれたせいか、祖父も人を助けることに積極的でした。祖父は私たち孫に、「お金を貯めるよりも、徳の貯金をしなさい」とよく言っていました。お金は徳を勉強するためのツールのひとつにすぎない、ということを教えてくれたのです。

祖母はお嬢様育ちで、祖父のところにお嫁に来たときは、お手伝いさんを3人も連れてきたそうです。でも、ひ弱な感じはまったくなく、畑仕事が大好きで、バイタリティーあふれるタイプ。「働かぬもの喰うべからず」がモットーで、孫たちが家のお手伝いをするのも当然と思っている人でした。

生きることにどん欲というか、いつもやる気に満ちあふれていて、年をとっていてもテレビを見ながらメモをとって勉強していた姿がいまも印象に残っています。

私がカナダに留学するとき、真剣な調子で「おばあちゃんも一緒に行きたいわ」って言ったときは、ひっくり返るほど驚いたものです。

私の父は、その祖母の7番目の子ども。末っ子ながら、父が家業を継ぐことになったので、私たちは祖父母と一緒に暮らしていました。父はいつもニコニコしていて、私たちを優しく見守ってくれる人でした。

家族で海水浴やスキーに行っても、荷物の番をしながら、母や私たちが遊んでいるのをあたたかいまなざしで見ているだけ。疲れたときに父のところへ行くと、「どうだ、できるようになったか？」って相手をしてくれる。私たちにとってはオアシスみたいな存在。

といっても、父は父で自分のやりたいことがちゃんとあって、地域の役員をやったり、民生委員を引き受けたりしていました。祖父の血なのか、世のため人のために活動するのが好きだったみたいで、私の小さいときには、更正できない子を預かって面倒を見たりもしていたので、父が亡くなったときは、市や国から賞状をいただきました。

母は父とは対照的で、とっても楽しくて面白いタイプ。働き者なうえにお料理上手なので、なんでも手早くつくれ、きびしい祖母からも気に入られていました。裁縫も得意で、よく私たち姉妹のお洋服をつくってくれました。父のセーターもよく編んでいて、プロ並みでした。

母もまた、祖母と同じくらいバイタリティーのある人で、家業（お花の栽培）の他にお店もやりましょうと父を説得して、実現させてしまったのです。学校に通って生け花やアレンジメントフラワーもマスターして、いまもお花の先生やデザイナーとしてお店を切り盛りしています。

普通、お嫁に来た女性は家族の犠牲になって、やりたいことを我慢するっていうパターンになりがちですが、母は、「自分のやりたいことは自分でやる。そのために、どうすればいいか」を考えながら動いていく人なのです。

そんな人だから、私たち子どもにも、「やりたいことは自分でやりなさい」「あなたの人生はあなたの人生。私の人生じゃありません。だから好きに生きなさい」ってしょっちゅう言っていました。

子どもが何かするときには、「自分で決めなさい。悪いことをしたければ、どうぞご勝手に。縁を切るだけですし、得か損かをよく考えて、そのときしかできないことを必死にやりなさい」と、いつも言っていました。

そして、「選んだことに対して、責任を持ち最後までやりなさい」という父と母の教えも受けて育ちました。

不思議なことに、私も弟も妹も、好きなことを選んでいった結果、弟は実家の跡を継ぎ、妹も同じブライダルの仕事をしています。結局全員、お花の仕事についているのです。

Chapter3

もし、
つらかったら

もし、いまの自分が嫌だったら

もし、自分のことが嫌だったら――誰でもいいから自分じゃない誰かになりたいって思ってしまったりしませんか？
自分のことがどうしても好きになれない。嫌なところばかりが目についてしまう。そんなときって、誰にでもあるものです。私もそうでした。とはいえ、人間はそんなにガラッと変われるものではありません。いきなり理想的な自分にはなれませんよね。

そういうときには、いままでと同じようなことをしないで、「ちょっとだけ変えてみる」という方法があります。変えるといっても、おおげさに考えないでくださいね。本当に小さいことでいいのです。

たとえば起きたあと、いつもコーヒーを飲んでいるなら、紅茶にしてみる。
靴下をいつもとは違うほうの足から履いてみる。
歯磨きペーストを別のフレーバーにしてみる。
いつもより5分早く家を出てみる。
昼休みにスマホを見るのをやめて、好きな音楽を聴いてみる。
帰って来るとき、いつもとは違うルートを通ってみる。

いつもと違うことをする。
たったそれだけのことで、驚くほど新鮮な気持ちになれるのです。見えてくる景色が変わり、心の中に風がさーっと入ってきて、「自分が嫌」という気持ちが、少しずつ薄まっていくのです。

〝思う＝行動〟ができてくると、気持ちが変わってきます。お気づきの通り、嫌なときって実行・行動ができない、動いていないときなのです。

動くといろいろなことがわかってきて、変化している自分に気づく。「変われる」っていう自信がついてくる。気に入らない自分から、好きな自分に少しずつ変わっていく練習ができるのです。

「いつもと違うこと」は、思いついたらすぐできること、ひとりでできることのほうがいいですね。

なぜなら、自分を嫌になってしまう人は、無意識に誰かと自分を比べてしまっていることが多いから。誰かとかわした何気ない会話が、あなたの中にあるコンプレックスを刺激して、弱っている気持ちをさらに追い込んでいるかもしれないのです。だから、たまにはひとりになって、自分自身と話をしてあげて。自分と向き合うことは、ちょっとずつ自分を好きになっていくことにつながるから。

本当に、心の底から自分が嫌いという人は本来いないと思うんです。だって、自分といちばん向き合って、長い時間を過ごしているのは自分でしょ?

たぶん、「こうなりたい」という期待があるのに、いまの自分がなかなかそれに追いつかない。だから不満を言うだけなのです。そこをわかってあげないと、自分がかわいそう。

あなた自身を「かわいそうな人」にしないためにも、「いつもと違うこと」をして、いつもと違う視点を持って、実行・行動してみてください。

そうすれば少しずつ、「変わっていける自分」を認められるようになりますよ。

Point

小さいことから変えていくと、「変われる」自信がつく。
少しずつ、「変わっていける自分」「好きな自分」になろう。

隣のイスに座って考えよう

何かに迷ったり、落ち込んだときは、隣のイスに座って考えてみませんか？　隣のイスとは、「別のやりかた」を探すための場所のこと。隣のイスに座ったら、さっき思ったこととは違う角度で考えるのがルールです。これもアサエ流。

いったん立って、別のイスに座りなおせば、見かたが変わって、思いがけない解決の糸口が見つかるかもしれません。実際にやってみるのがベストです。みなさんもぜひやってみて。

いい考えが思い浮かばず、ため息ばかり出てしまうのもわかります。でも、そのままでいたって、何も変わらないでしょう。同じ位置に座っている限り、見える景色は同じ。同じことを思い、同じことで落ち込み、同じため息が出てくるだけ。だから、いつまでも同じ位置にいてはダメなんです。

位置は変えていかないとね。マグカップでさえ上から見たら丸だし、横から見たら長方形ですよね。

うまくいかないときは誰にだってあるけれど、同じ考えでぐるぐる回っていてもきりがないから、次へ行く。隣のイスに座って、まるで別人になったように、もう一度新しく考えてみる。

いままで自分ばかりを責めていた人も、「でも私、精一杯やったよね」と少し前向きな気分になれたりする。そうしたら、またひとつ隣のイスに移って、

「でも、別のやりかたもあったかな？」

次にもうひとつ隣に行って、

「こんなやりかたもあるよね」

こんなふうに、どんどん考えをスライドさせていって、同じ位置にいない、同じ

考えにならないようにすることが大事なんです。

同じ位置にとどまっていると、同じことばかりが頭の中をグルグルかけめぐって、心と身体をヘトヘトに疲れさせてしまうのです。

でも位置を変えると、いままでの自分を客観的に見られる。別人になったように見かたを変えられるのです。

そして、もうひとつわかることは、人を変えさせるのは本当に本当に難しいけれど、自分が隣のイスに行くことは簡単で、それこそが人をも変えさせてしまうことにつながるのです。

つらくて大変なときって、身体も動けなくなってるから、なかなか「違う考えを持とう」とは思えない。だからこそ、意識してちょっとずつ変えていく、変えようと思うことが大事なのです。「隣のイス」はそのきっかけをつくってくれるものなのです。

いきなりよいことを考えるなんて無理だけど、ちょっとずつならできるでしょ？

私も身体や心がコチコチに固まって、同じ考えがグルグルし始めたら、「あっ、まずいな」と思って、「隣のイス」に座るようにしています。

何かに迷ったり、立ち直れないくらい落ち込んでいても、昨日のあなたと今日のあなたは違う。ひとつずつ、隣のイス、隣のイスに座りなおして、見かたを変えていきましょう。

Point

迷ったり、行きづまったら、隣のイスに座って考えよう。

隣のイスで、別の角度から考えるのが大事。

少しずつでいいから。

つらいときは数字で考えてみる

もしいま、頭の中が悩みでいっぱいになって、がんじがらめになっているなら、その悩みの「数」を数えてみてください。

夢を叶えるときも、数字を使うとより具体的になっていいけれど、悩みをどうにかしたいときも同じ。数を数えて数字にしてみると、気持ちが軽くなることがあるのです。

あなたの悩みは、どうでしょう？

一度、数えてみてください。意外と少ないかもしれませんよ。

そして今度は、悩みの中身を分析して、それも数に落としこんでみる。たとえば苦手な人がいるとしたら、その人の数もちょっと数えてみて。さて、何人いましたか？

私は以前、スタッフのことで悩んだことがあって、スタッフの人数を数えてみたら10人だったんです。

「うわっ、多いわ」または「少ないわね」と思う人もいるかもしれませんが、私はそこでちょっと発想を転換してみました。

「これって、本当に多いのかな？」

「世の中には何十億人という人がいる。その中のたった10人だけなんじゃない？」

「それに、10人分は苦労するかもしれないけど、11人分、12人分は苦労しなくて済むわ。だって10人しかいないもの」

私はまだまだこれから、もっともっと活躍したいと思ってるのに、10人程のことで悩んでいてはダメよね。

――そんなふうに考えると、ふっと気持ちが軽くなったのです。

大量の仕事を任されて、やる前からゲンナリしてしまうようなときも、同じように数字を使って考えるといいのです。

私の職場では、ブライダルフェアの直前になると、水あげをしなければいけないお花が大量に運び込まれてきます。そして朝から夕方まで、ひたすら茎を切る単純作業が続きます。スタッフ総出で、切っても切っても、まだ箱がたくさん残っているので、「本当にこれ、終わるのかな」って、気が遠くなってくることもあるんです。

そういうときは、みんなに、

「全体を見ることも大事だけど、まず、目の前の1束だけを見るようにしなさいね」

と言うんです。

全体を見ると、「まだまだ、いっぱいある〜」となって焦ってしまうけれど、目の前の1束だけを見て切る、終わったらまた次の1束だけ見て切る、というのを繰り返していけば、いつの間にか終わっている。

遠い未来も大切だけど、まず足元をかためて動くって感じかな。

多すぎるなって思うときは、少ない数字に割って考えるのがコツ。同じことをするのでも、考えかたひとつで気持ちが楽になるんです。

そして足元をかためながら、遠くの目標を叶えていく感じ。まるで人生そのものですね。

こんなふうに、ふだんから数字と仲良くなっておけば、夢を叶えるときも、悩んでいるときも、味方になってくれます。

つらいなぁと思ったら、あなたも数字を使ってポジティブにものごとをとらえてみてください。

Point

悩みのタネを数えてみて。その数は多い？　少ない？

数字を使ってポジティブに考えると、悩みが減るかもしれません。

「勝手ガマン」をしていませんか？

「私が我慢すればうまくいく」

こんなふうに人間関係や仕事で自分の感情を封じ込めてしまう人はいませんか？　私はこれを「勝手ガマン」と呼んでいます。

「勝手ガマン」をする人は、優しくて、頑張り屋さんが多い。まわりの人に気を使って、言いたいことや苦痛なことを我慢して、「私は大丈夫です」と明るく振る舞ったりしています。

私の身近にもそういう人がいます。彼女は仕事ができるから、次から次へと仕事を頼まれ、笑顔で仕事を引き受けます。でも誰にでも限界がある。その限界を超えると、「私が我慢すればうまくいく」が「私、こんなに我慢しているのに……」に変わって、不満が爆発してしまうんです。

我慢の範囲は人それぞれ。たくさん我慢できる人もいれば、我慢が苦手な人もいます。そしてそれは他人にはわかりません。我慢の限界は、本人にしかわからないものなのです。

もしもあなたが、「私さえ我慢すれば……」と言いたいことを言えずにいるのなら、それは「勝手ガマン」です。誰もあなたに限界まで我慢しろとは言っていないのですから。あなたが勝手に線引きをして、我慢をしていませんか？

日本では「耐えることが美徳」と考える人も多いですが、何でもかんでも我慢していたら、「勝手ガマン」の癖がついてしまいます。それを繰り返していると、自分自身を痛めつけてしまうばかりか、限度を超えたときに自分をコントロールできなくなるので、やりすぎは禁物です。

「いま私、無理をしているな」と感じたら、素直にまわりの人に伝えてみませんか？

あなたがモヤモヤしていることを知ったら、まわりの人も対策を考えるはず。「勝手ガマン」の限度を超える前に、上手にコミュニケーションをとる方法を考えましょう。そのほうが人間関係も仕事もスムーズにいくはずです。

コミュニケーションはものすごく大事です。勝手に我慢して、勝手に怒ってしまったら、相手はびっくりです。気まずくなって、お互いに距離を置くようになってしまうでしょう。

また、コミュニケーションをとる、ということは勇気がいります。だからこそ、多くの人が「我慢する」という楽な選択肢を選んでしまうのかもしれませんね。でも、「勝手ガマン」は、相手にはまったく伝わらないので、結局何もしていないのと同じことなのです。

何もしないということは、何も状況が変わらないこと。何の前進もないということです。

人間関係を深めていくためには、勝手ガマンをやめて、「これが私ですよ」と、相手にデータを出していくことがとても大事。そのデータが少しずつ集まっていくことで、「この人はこれが嫌なんだな」「この人はこういうのがいいんだな」ということが、お互いにわかってくるのです。

まわりの人に気を使って、いつも疲れてしまうあなた。勝手ガマンをやめて、思いを少しずつ伝えていきませんか？

そうすれば絶対、いまよりもハッピーな人間関係がつくれるようになりますよ。

Point

無理をしていると感じたら、素直にまわりの人に伝えてみて。

「勝手ガマン」より、コミュニケーションが大切。

常識ほど非常識なものはない

常識ほど非常識なものはない。私はそう思います。

「そんなことは常識だわ」と考えていたのに、一歩外に出るとまったく通用しなくなることって、たくさんありますよね。

子どものしつけや、お料理の味つけ、お掃除の手順――その他いろんなことが、自分の家では常識でも、隣の家では「聞いたことも、見たこともない」ことだったりします。

Aさんの家では、家族全員が集まらないと食事が始まらないけど、Bさんの家では各自まちまちで食べ始める。どちらの家でも「これが常識」と思っているけど、どこの家でも同じではありません。

この世で常識といわれているものはほとんど、「これこそが、どこでも通用するルールだろう」って、誰かが勝手に枠を決めたものなんじゃないでしょうか？

勝手に決めたといっても、その人が悪いということではありませんよ。

その枠を最初に決めたのは、じつは本人ではなく、親や、またその親だったりしますよね。


どんな人だって、生まれてきたとき、目の前に存在するのは親しかいない。親の言葉をシャワーのように浴びて育つから、影響を受けてしまって当然なのです。

ここまではいい。ここから先はダメ。いろんなものの見かたや行動の基準が、親のフィルターを通してつくられていくのです。


ただ、そうやって身につけた「常識」に振り回されて、身動きがとれなくなってしまう人もたくさんいるのです。

私は正しいことをしているはずなのに、うまくいかない――という人は、もしかしたら〝常識の罠〟にはまっているのかもしれませんね。

「自分の考える常識は、この人にとっては非常識なのかも」

そう考えて、あなたの中の「常識」をいったん横に置いてみませんか。


ちなみに、私の会社ではちょっと変わった「常識」＝ルールがあります。

「いつもプロであり、ポジティブ志向でいる」

「始業から5分間ほどは、雑談をする」

「通勤電車では、一駅ごとに家族のことを忘れて、プロとして出社する」


普通の企業にはないものばかりですが、どれも会社をイキイキと運営していくために、欠かせないうちの会社だけのルールと呼んでいます。

「だけど、これがよそでも通用すると思ったら大間違いだからね」

と、スタッフにはちゃんと伝えています。


ＴＰＯに応じてお洋服を着替えるように、その場その場で、「常識」を着替えていってもいいと思うのです。

勝手に決めた勝手常識に縛られると、人を非難してしまったりするけど、それは違うと思うし、あなた自身も苦しんでしまう。

自分を縛っている「常識」をゆるめて、あなたも、もっと楽になってくださいね。「あー、それもいいね」と言えるようにね。

Point

もし、窮屈に感じていることがあったら、それは非常識な常識かも。

「常識」は、一度、角度を変えて見るといいですよ。

これでいいわ人生にしない

あなたは買い物をするとき、本当に欲しいものを選んでいますか？

もしも、「これがいい！」ではなく、「これでいいわ」と言っていると、「これでいいわ人生」が始まっちゃいますよ。

「これでいいわ人生」とは、「欲しい」という気持ちに自分でフタをして、手に入りやすいもので妥協する人生のこと。もの選びだけでなく、仕事に対しても「このくらいでいいや」。恋人選びも「この人でいいか」。だんだんそんな思考回路が定着していきます。

「これでいいわ」癖をそのままにしておくと、本当に望んだものが手に入らなくなってしまいます。

「これでいいわ」を繰り返してしまう人は、子どもの頃からまわりに遠慮して、欲しいものを手に入れられない人が多いような気がします。でも、いちばんに好きなものをとらず、2番目や3番目のものばかり選んでいると、手に入れたものに対してあまり愛情を持てないでしょ？

「これでいいわ」と言いながら選ぶのは、ものに対しても失礼なことだと思うの。ものはしゃべらないけれど、「これがいいの」って選べているかどうかで、全然、得られるものが違ってきます。2番目や3番目のものは、結局は大切に使えないので、身につかない。そしていつも、「他の人はいいな」と羨むばかりの人生になってしまうのです。

自分の中で「これがいいな」と思うものがはっきりしているなら、2番目や3番目にあえて手を出さずに、1番目を選ぶ力がつくまで待つという方法もあります。

これからは、ものを選ぶときに、

「私、これ〈が〉いいの」と言って選ぶように意識してみてください。最初はなかなかできないかもしれないけど、とにかく「ま、いっか」と言って選ぶ代わりに、「これがいいの」と言って選ぶようにする。できれば、口に出して言ってみましょう。言いながら、どこかで違和感を覚えるようなら、本当はそれほど欲しくないもののはず。そんなときは、「あ、これは違うな」と、選択肢からはずせばいいと思うの。

気持ちがウキウキ、ドキドキ、ワクワクするようなら、それが本当に欲しいもの。

まずは本当に好きなもの、欲しいものを選ぶことから始めましょう。

「私、これがいいの」と、自分の心の声にしたがって選べる人は、自分の人生を楽しむ力が身につきます。

なぜかというと、「選ぶ」という行為は、決断する力を育てるから。

決断できる人は、人生における大切な場面でも、素直に正直に、そして責任を持って自分の行きたい道を切り拓いて歩いていけるようになるのです。

「これでいいわ」人生は一日も早く卒業して、「これがいいの」人生にシフトしていきましょう。自分で選んでいく人生の始まりです。

Point

「これでいいわ」ではなく、「これがいいの」と言ってみて。

声に出して心がワクワクしたら、本当に欲しいもの。本当にしたいこと。

大変なときこそ、自分が学べるとき

私は、苦しかったとき、大変な思いをしたときの経験を宝物のように思っています。それは自分を学べるチャンスだからです。でも宝物だと思えるまでには、かなりの時間をついやしました。

ものすごく頑張っているのに、何をやってもうまくいかなかったり、裏目に出てしまったり――。そんなときこそ、自分とじっくり向き合ってみるといいですよ。疲れてボロボロになっているときは、とてもそんな余裕はないかもしれない。きびしい現実から逃げ出したいし、目を背けたいかもしれない。

だけど、ちょっと考えてみてください。

人って、調子よくものごとが進んでいるとき、幸せなときは、「あ〜、うまくいった。よかった！　うれしい、楽しい」とはなるけど、それで終わってしまうことが多い気がします。

逆に、うまくいかない大変なときは、いろんなことを考え、心から学べます。「どうして私だけ、うまくいかないの？」とか、「何がきっかけで、こうなったんだろう」って頭をフル回転させて、そこから抜け出そうと必死で考えたりします。

だから、大変なときというのは、勉強ができるとき。自分を学べるとき。自分自身をいろいろ知るとき。私自身、大変な時期を何度も経験してきましたから、そう言えるのです。

つらいな、苦しいな、悲しいな、みじめだな、という時期はいま振り返ってみると、人としてものすごく成長していたんですね。

ひどい目にあったからこそ、もう二度と同じ過ちは繰り返さないと心の底から思うし、そのためにはどうすればいいかを学ぶのです。

だから、いまがつらくてたまらないのなら、「すごく勉強させてもらってる。学ばせていただいている」と思ったほうがいいのです。

「こんなにひどい状態になったことはない」という人も、大丈夫。その時期を過ぎると、必ずいいときがやってきて、つらかったときの記憶を癒してくれます。時間は必要ですが、必ずやってきます。

人はどん底まで行くと、それ以上落ちることはない。もう、あとは上がるしかないのです。それも経験したからこそ言えること。

それに、よく言いますよね。その人自身が耐えられないことは、絶対にやってこないって。たとえば1千万円稼げない人が、1千万円の借金を背負うことはないのと同じで、どんなにつらい試練でも、その人の器以上のことは起きないのです。

私も昔、何もかもうまくいかなかった時期がありますが、いまにして思えば、「あれがあったから、いまがある」と100パーセント言い切れます。

そのつらさから、大事なことをたくさん学びとっているからなんです。

その経験は、いくらお金を出しても買えないもの。いまであれば、それは木箱に入れてとっておきたいほど大事なものと思えます。経験こそが財産です。

もちろん、そのときはすごくつらかったし、なかったことにしたいと思うくらい。だけど、どんなことでも最初からパッとうまくいくより、途中で大変な経験をしたほうが、本当に自分の身につくんです。

大変なときこそ、自分が学べるとき。通り過ぎてみると、大切なことだったんだと思えるときが必ずやってきますから。

Point

つらいときの経験は、
木箱に入れておきたいくらい大事な宝物。
自分の器以上の試練は訪れない。必ず乗り越えられる。

Story

夢を叶えるストーリー３

小学生のしめ縄販売～商売の英才教育

私の家は商売人の家で、どこか普通の家とは違い、私は弟や妹と一緒に、小さい頃から家の花屋でアルバイトをしていました。とくに印象に残っているのは、冬休みの「しめ縄」の販売。なぜなら仕入・販売・会計を私たち子どもが担当していたからです。

昔はお正月の飾り物がいっぱいあって、大晦日が近づくと、みなさんよく買われていました。

朝早くから夜遅くまで、お店の外に出て売るのは寒くて大変でしたが、目標以上に売り上げたらアルバイト代を弾んでくれるので、子どもながらに一生懸命やっていたことを思い出します。

前年比という言葉を知らないため、「去年の今日はいくら売れたの？」って、よく聞いていました。そのあと子ども3人で、「どうしたらそれより売れるか」っていう、作戦会議という名の営業会議をしていたことを、いまでもよく覚えています。

毎年やっていると、お客さんの傾向もだいたいつかめてきて、「○○ちゃんのとこのお父さんは、いつも大きいのを買ってくれる」「○○をやっている社長さんは、1番大きいのを買ってくれる」とか、いま思えば顧客管理のようなこともやっていたんだなと思います。

そのうち、大きいのを1個売るのと、小さいのを何個か売ったときの売上げが、同じような金額になることに気づきました。どうせなら大きいものを売ったほうが効率はよさそうだけど、小さいほうをおろそかにすると売上げは上がらないし、小さいものもたくさん売れるとすごいことになると知りました。これが、私が思う「お商売は掛け算なんだな」ってことを肌で理解した瞬間。しめ縄販売がきっかけです。

大きいものと小さいもの、両方必要なんだなって思ったとき、じゃあどうすれば両方売れるのかって、子どもながらに考えるわけです。最初に気づいたのは、大きくても小さくても、最後に1個だけ残っているものはなかなか売れないっていうこと。だから、数が少なくなってきたら在庫のある商品をディスプレイして、なんとなくたくさん並んでいるように工夫をしました。

それから、お客様が入ってくる入口に近いところに安いものを並べてみたり、レイアウトをあれこれ考えると、案外よく売れるってことにも気づきました。これは動線が大事ということですね。POPも手書きでいろいろつくりました。

その時期になると皆忙しいので、あらゆる限り、全部自分たちで考えてみました。よく売れるようになるためには、普通に売っていてはダメだな、何か工夫をしないといけないんだな、口も使わないとダメだなって、どんどん考えが進化していき、それが営業力につながっていったんでしょうね。「おじちゃんのところは、これだよ」って、大きいのをすすめたりする知恵もつきました。

3人でやると、一丸となって協力しあうから、うちのきょうだいは仕事をしているときは超仲良し。一人ひとりが、お客様の動向とか、目線や動線も、ものすごく真剣に観察していましたね。

そんな経験を小さいときからしているので、「いらっしゃいませ」っていう言葉はすごくスムーズにステキに言えるんです。すごく言いやすいし、心がはずむ。大人になったいまでもウキウキ、ドキドキ、ワクワクする言葉です。

しめ縄販売は、高校生になるくらいまでやっていたので、もう売り子はベテランになっちゃうんです。毎年、冬休みになると、「さあ、働くぞ。今年はこれくらいの目標だな」ってスイッチが入る。商売人としての英才教育（これが正しいかどうかは別として）を受けていたんだなっていま振り返ってみて思います。

ちょっと変わった家族だったかもしれないけれど、皆一緒に働いて、お金をいただけるということの達成感と幸福感を、子どものときに味わえたことはよかったなって思います。

いつも仕事の話をし、稼いだあとに皆一緒に遊ぶ。お金のごほうびがある＝また頑張る。頑張ればできる。工夫すれば子どもでもできる。という自分なりの自信がついたのかもしれません。

家族全員で協力しあった、普通の家ではありえないエピソード。楽しくて、まぶしくて、忘れられない思い出です。

Chapter 4

トライしよう！

チャンスはたくさん降っている

チャンスというのは、じつは雨のように降っているのです。
これは、どんなものごともその人の受け止めかた次第、角度を変えてみればチャンスになるということなのです。

けれどもったいないことに、案外それに気づいていない人が多いように思います。
「チャンスの女神は前髪しかない」なんて言葉もあるように、気づいたときにはもう通り過ぎている、となったりします。

チャンスというと、誰が見てもわかる、人生の一大イベントになることだと考えている人もいるけれど、本当はそれだけじゃない。

チャンスにはもちろん、小さいとか大きいとかあるけど、毎日のちょっとした出来事をチャンスに変えていくことが大切。だから、チャンスとは思えない小さな出来事ほど見逃さないように注意して下さいね。

あらゆるチャンスの小さな芽を見逃さず、大きなチャンスに変える。それに気づいて、行動することが本当のチャンスだと私は思うのです。

会社でクレームの電話をとったとしたら、あなたはどう思いますか?

クレームだとわかった瞬間、「嫌だな」と感じるかもしれませんよね。

けれど、相手からいろいろ事情を聞いていくうちに、「どうすればよいのか」というヒントをもらえることのほうが多かったりするのです。

解決の方向性が見えてきた時点で、そのクレームは「嫌なこと」から、「嫌なことをクリアできるチャンス」に変わるのです。クレームの元が解消されたら、もう二度と同じクレームで悩まずに済むのですから。

世の中の発明や発見も、きっとみんなそんな感じなんじゃないかしら。

欠陥だったり、不満だったり、不便だったりすることの中に、すごいお宝が眠っていたりするのです。

たとえば、パイシートのパイは、ある人がパン生地にバターを入れ忘れたのがきっかけでできたようです。

その人は「しまった」と思ったけど、「そうだ、いまからここにはさみこんでしまえば大丈夫かも」って思いついた。そこで、のし棒で生地を薄くのばして、そこにバターを入れ込み、さらに生地を重ねてのばして、またバターを入れ込んでの繰り返し。それを焼いたら、きれいな層ができてパイになったというの。

苦肉の策でやったものが、あんなにおいしいものになってしまったんだから、この人の失敗は、すごいチャンスにつながったわけです。

「これって何かに置き換えられないかな」って思うと、どんな人や出来事との出会いも、すべてチャンスに変えることができるのです。

そして、自分の気になることを「テーマ」としていつも考えていると、必要な情報が向こうから飛び込んでくる。「これだよ!! ここだよ!!」って感じで、本当に教えてくれるのです。

チャンスは雨のように、誰にでも平等に降っている。その気になって手をのばせば、いつでもキャッチできるってことを、忘れないでいてください。

もうあなたに、傘はいらない。

Point

「嫌なこと」でも見かたを変えれば、チャンスになる。

チャンスは誰の上にも訪れる。

小さなチャンスもしっかりキャッチして。

羨ましいでステイしないで！

「〇〇さんはいいな。羨ましいな」

「〇〇さんみたいになりたいな」

と、思うことってよくありませんか？

「羨ましい」という気持ちのまま、同じ場所にステイしていませんか？

羨ましいと思ったなら、そこでとどまらずに、次のステップへ進むことが大事なんです。

「羨ましい」だけでずっと同じところにいないでくださいね。

こう言うと、なるべく他人を羨まないよう、心の中でストップをかけようとする人もいると思いますが、他人を羨むこと自体は全然悪いことじゃないんですよ。

むしろ羨んでいいんです。

だって、自分よりもきれいだったり、かわいかったり、お金持ちだったり、頭がよかったりする人はいくらでもいるわけで。そんな人たちを目にしたら、羨ましいと思うのが普通。羨ましいと思わないようにしたり、見なかったフリをするほうがよくありません。

羨ましいって感情がわいたら、それを素直に自分で受け止めることです。でも、そこで決して立ち止まらないで。「その先」に考えを進めていってくださいね。

「○○さんのこと、羨ましいな」と思ったあと、

「私、どうしてそう思うんだろう」

「私とどこが違うんだろう」

そんなふうに考えながら、頭の中で○○さんのことを思い浮かべて、自分と比べ

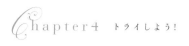

てみましょう。
○○さんは、あなたとは何もかも違うように見えるかもしれないけれど、同じ人間です。似ているところがあったり、真似できるところもあるはずです。
とても感じよく挨拶ができるとか、ものの扱いが丁寧だったりとか……。

人間よく比べたらダメとも言いますが、比べるからこそ、追いつきたい、手に入れたいという向上心がわいてきて、人は進歩するんです。
比べることをやめてしまったら、羨ましいと思った人からステキなところを学ぶこともなく、それこそ「羨ましい」でステイするしかありませんよね。

だからどんどん羨ましいと思い、どんどん観察して比べましょう。

観察して比べていくと、「羨ましい」でステイしているときには見えてこなかった細かいことに気づいたり、新しい発見ができたりします。

そして、新しい気づきを得ると、次にどうするべきかがわかり、行動につなげられます。

だから、羨ましいでステイしないでね。比べることをためらわず、羨ましいと思った人をどんどん分析して、いいところを吸収しちゃいましょう。

そうすれば、同じ場所から動けずにいた自分を、びっくりするほどステキに変えられちゃったりしますよ。

Point

「羨ましい」と思うことは悪いことじゃない。

「羨ましい」のあとは、観察して、分析して、いいところを吸収しましょう。

トライした時点で成功

何ごとも、トライやチャレンジした時点で、じつは大成功なのです。
なぜなら、トライしたということは、「行動」したからです。

行動するって言っても、なかなか難しいですよね。知らないことを始めるのは怖いし、失敗したらどうしようって思うと不安になるし。

でも、ちょっとトライしてみませんか？

この世の中、やってみないとわからないことでいっぱいです。プレゼントを開けるときもそう。リボンやラッピングを解かないと中に何が入っているかわかりませんよね。だからリボンやラッピングを解くかのように、まずは行動してみましょう。

行動したからこそ、得られるものって本当にすごいことなんですよ。やらなければわからない貴重な体験なんです。

それが、たとえうまくいかなくて、つまずき、傷ついたとしても、あなたはそこで多くを学び、感じ、知ることができるのです。

失敗したとしても、そこで人生が終わるわけじゃない。大変な思いもいっぱいするけれど、同じ経験はもう二度としたくないという覚悟ができるから、人として成長できるんです。

大変なときこそ学べることが多いし、自分自身を知ることもできます。これもトライしたからこそわかることなのです。

1番の失敗は、思っていても行動しないこと。これこそが大失敗です。

あと、人の失敗ばかりを指摘する人は、人のことを言っているからトライできなくなって、結局、自分で自分の首をしめることになるのです。

それにしても、「無理」とトライは紙一重。そこはちゃんと見極めましょう。トライして頑張りすぎると、ついつい無理をしてしまいますが、自分自身に過剰な「無理」を強いると、トライ自体が終わってしまう。そういうときは、「いまは、ちょっと休憩」という決断もありです。

ときには自らブレーキを踏むことも必要です。やめるという決断もトライする以上に勇気がいることです。もしかしたら最も勇気がいることかもしれません。私もなかなかできないことのひとつですが。

また、表面的な成功か失敗か、その二者択一を恐れてトライできない人も多いように思うのです。でもそれって、自分で自分の手足を縛っているようなものかもしれませんね。

いまを納得していなかったら、何かを変えたかったら、そこで止まらないで。トライをためらわないでください。あなたのトライは、あなたのためにあるのです。他の人がどう思おうと関係ない。行動した時点で、成功でしかないのです。

トライすることで得られる経験は、何ものにも代えがたい財産。それが必ず、次の成功につながっていくはずですから。

Point

プレゼントのリボンを解くように、まずは行動しよう。やめるという一大決心もトライと同じ。それも成功です。

成長するときの階段の昇りかた

人が成長する過程を、よく階段を例にあげて話すことがあります。いろんなことにトライして、できることがどんどん増えているときは、階段を一段ずつ昇っていく楽しさがあるけれど、昇っていく途中で、「踊り場」にたどりつくことがあります。

踊り場は階段より広めですから、そこにいる間は成長がストップしたかのように感じます。

「私、あんまり成長できていないな」

「最近、仕事が面白くない。いまひとつ、手ごたえを感じないんだよね」

そんな状態になったら、「ああ、いま踊り場にいるんだな」と思ってください。

これもまた、アサエ語録ですが。

でも、焦ったり、心配しないでいいんです。踊り場にいるということは、それまで一生懸命頑張ってきたということ。その焦りは、ある程度成長してきた人だからこそ感じるものなんですよ。

新入社員も、入社したての時期はみんなすごく頑張りますよね。頑張って一歩一歩、階段を昇っていく。でも何ヶ月かたって、少し仕事ができるようになると安心して、ちょっと「いい気」になって停滞する。それも踊り場症候群と私は呼んでいます。

踊り場というのは必ずあります。必ず通る場。広さの差はあっても、ほとんどの人が経験する成長のひとつの過程なのです。

踊り場がなければ次には進めないし、踊り場はあくまでも踊り場です。そこに家を建《た》ててずっと住めるわけでもありません。
「つまらない」って思うときは、同じ場所にいるべきではないと思うんです。つまらないときって、変わりたいのにできなくて、足踏みしてる状態ですよね。なので、何か、自分自身のモチベーションアップができる目標を立ててみるのもいいと思います。

それもちょっとしんどいな……と思うのであれば、階段を昇ってきた疲れがまだとれていないのです。いままで精一杯頑張ってきたごほうびに、身体を休ませてあげたり、旅行に行ったりしてリフレッシュすることをおすすめします。
いままでにできなかったことを思いっきりして、自分を満足させてあげてください。そうしたら、また階段を必ず昇りたくなりますから。

気の済むまで踊り場にいたら、自分が「こうしたいな」と思う目標を見つけて、それに向かって計画を立てて、また新しい階段を一歩ずつ昇っていきましょう。トライする日々に進んでいくのです。

最近、成長がないなと思ってる人は、まず自分が踊り場にいることを自覚して、これまでの成長を喜んで。

そして自分を十分にねぎらってから、次の課題を自分で設定する。そうすれば、新しい成長につながる階段が、あなたの前に必ず現れるはずですよ。

Point

「踊り場」は、成長してきた人だからこそ感じるもの。焦る必要はない。

自分をねぎらって、目標を見つけてステップアップ!

「ステキ」にはなれる

あなたは、自分のことを「ステキ」って思っていますか？

そう聞くと、ほとんどの人が「いやぁ、私なんか」と言ったりするんですよね。でも、どんな人でも心の持ちかたひとつで「ステキ」な感じになれるものです。

私も昔は自分のことをステキどころか、全然ダメだわって思っていました。いまでさえ時々思ったりするくらい。でもそんなとき、ふと考えたんですね。「それじゃ、かわいそうだな」って。

自分のことをそんなふうに思うのはかわいそうじゃないですか。まわりがそう言ったとしても、自分くらいはそう思っちゃいけないなって。

きっと「ステキ」の素になっているのは、心から自分を好きでいるということだと思うのです。

そこからはじまったのが「自分を好きになろう」キャンペーン。たとえ美人と思えなくても、好きだと思いこむことはできるよねって思ったのです。

もしもあなたが、冒頭の質問に「NO」と答えたのなら、まず自分を大好きになるためのトライをしてみましょう。

「自分のことを大好きだなんて思えないわよ」という人もいるでしょう。そんな人に、おすすめの方法があります。

それは小さくてもいいから鏡を使うこと。鏡の中の自分に、「私って、けっこうステキじゃない」「かわいいんじゃない」と小さな声で話しかけてみましょう。そのとき、口角を上げてニコッと微笑んでみるのがポイントです。口角を上げてニコッとする。これは実行した分だけ、どんな人でも「ステキ」に近づくと思います。

笑うのが難しければ、口を横に広げて手も使って「ニーッ」と言ってみるだけでもかまいません。そうすると、頬の筋肉が上にきゅっと上がるのが実感できるはずです。この筋肉は笑顔にかかせない筋肉ですが、使わないとどんどん退化しちゃうんです。でも、いまのうちに鍛えておけば、将来、笑顔の「ステキ」なおばあちゃんになれるはずです。

「自分には無理」「どうせ私なんか」と思わないで。一度そう思ってしまうと、どんどん「無理」って考えが広がっていっちゃいます。「無理」って思う前にまずトライしてみましょう。

「そんなこと、ナルシストみたいで恥ずかしいよ」

そうやって抵抗したくなる気持ちもわかるけど、こういうことは何回か繰り返しているうちに、だんだん慣れてくるものですよ。

やがて魔法をかけられたように、本当に自分が好きになり、それが自信となって「ステキ」になっていくのです。

自分はダメだなと思ってもいいけれど、「でも自分のことは大好き」って気持ちを絶対につけ足して欲しいんです。

そして自分を好きになれた人は、迷うことなく「私はステキ」って思えるようになれるのです。

Point

鏡に向かって、口角を上げて、ニコッと。
笑顔はステキの素です。
笑顔の筋肉を鍛えて、ステキなおばあちゃんになろう!

アドバイスは神様からのプレゼント

誰かがアドバイスしてくれたら、それは神様からのプレゼントです。

いいことでも嫌なことでも、その人の口を借りて、神様がプレゼントしてくれたと、私は思っています。


なぜなら、人がかけてくれる言葉に偶然はひとつもないから。

いまの自分にとってすごく大事なことだったり、重要なことだったりするから。


ただ、嫌な言葉はなかなかそうは思えないものですよね。

いい言葉のほうは、そのまま「うれしい」「やった！」と、すぐに受け止められるから、意識しなくてもプレゼントと思えますが、自分にとってきびしい言葉、心に刺さる言葉は、どうしても素直に聞き入れられない。

スッと自分の中に入ってこないものです。

言ってきた人の顔や口調が浮かんだりすると、なおさら反発したくなりますよね。

私も昔はよく、「何で、そんなこと言われなきゃいけないの」と思ったりもしました。傷つくし、あの人には言われたくないって気持ちもわいてきて、なかなかその言葉を飲み込めない……。


そんなとき思ったんです。考えかたをちょっと変えてみようって。


どんな言葉でも、それは神様がその人を介して教えてくれている。その人の口を借りて伝えてくれているんだって。

そう思ってみると、すごくすんなり受け入れられたんです。


それに、逆の立場になって考えてみると、嫌なことを言うって、けっこうエネルギーを使うことなんですよね。

たとえばレストランで、お料理はおいしいのに、店員さんの態度がとても失礼だったら、あなたはどうしますか？

「もうここへは来ない」って思いながら、黙って帰りますか？

それは、お店にとってかわいそう。だって、おいしいレストランなんて、そうそうあるものじゃありません。お味はよい、シェフはすごく頑張ってる。だったらよくないところはちゃんと指摘してあげたほうがいい。

よくなれば、また来たいわって思うから、勇気をふりしぼって、愛を持って言うわけです。

嫌な言葉というのは、いい言葉に比べるとなかなか口に出さないから、言うのに勇気がいります。それを言うことで、相手を傷つけるかもしれないし、自分も嫌われるかもしれない。言ったことに、責任もとらなくてはならない。

そのリスクをあえておかして「言う」ということは、それだけ相手に対してエネルギーを使っているんです。とても貴重なものなんです。

だから、いい言葉はもちろん、傷ついちゃうなって言葉も、「これは神様からのプレゼントなんだわ」と思うようにしましょう。

そうすれば、人から言われたことを大切に受け止めて、自分を磨いていける人になれると思うわ。きっと……。

Point

どんなアドバイスも、神様からの贈り物と思って大切にしよう。

きびしい言葉も受け入れて、自分磨きに役立てよう。

下を向いて宝くじを買うよりも

年末に近づくと、宝くじ売り場がにぎわってきますよね。

目をキラキラさせて、楽しそうに順番を待つ人もいますが、背中を丸めて、下を向いて、こわい顔でじっとお財布を握りしめている人もいる。

その光景を見ると、私は「ちょっと待って」と言いたくなるんです。

宝くじを買う前に、もっと身近に、幸せに近づける方法があるんじゃないですか。

それも一枚３００円を出さなくてもって。


聞いた話によると、年末ジャンボ宝くじ一等の当せん確率はなんと一千万分の一。

これは砂漠の中から金粉を見つけるほど低い確率なんだそう。

そんな話を聞いてしまうと、ちょっと考えが変わりませんか？

下を向いて、背中を丸めて、こわい顔をして宝くじに並ぶより、背筋をしゃんと伸ばして、笑顔でいること。大きな声で元気よく挨拶することのほうが、よっぽど6億円に近づけると思いませんか？

宝くじを買う。それ自体はもちろん悪いことじゃないんですよ。

イメージはできるだけ高く持ったほうがいいし、お金持ちになりたいという願望も、ないよりはあったほうがいい。

でも、下を向いて宝くじを買っている人は、仕事にしてもプライベートにしても、ふだんから自分を認めていないんじゃないかな、と思うのです。

いまの自分に満足してなくて、でも幸せにはなりたくて、宝くじに夢を託す。300円を出して。夢を買うことはよいのですが、夢を宝くじに全部託して、あとは何もしないで待っているだけだとしたら、とても残念なこと。

それよりも、丸めた背中を伸ばし、こわい顔を笑顔に変え、大きな声で挨拶をする。するとまわりの人の印象も違ってくるはず。

一獲千金の夢にかけるより、毎日の生活を少しずつ変えていくほうが、ずっと幸せに近づけると思うのです。

それに、別にお金を出さなくても夢は持てるんです。夢はお金で買うものじゃなく、持つものであり、描いて自分の手で叶えるもの。

叶えるためにはまず、自分の力を信じることから始めないとね。

「隣の芝生は青く見える」って言葉がありますが、下を向いている人は、隣の人に気をとられて、自分のことを認めていない気がするのです。

だけど、よくよく自分のことを見てみたら、いいところが、案外あるんじゃないですか？　得意なこともあったりするでしょ？　好きなこともあるでしょ？

隣の芝生だけじゃなく、自分の芝生も青いんだって、まず気づくことが大事。

自分を認めてから、「じゃあ、もう一歩幸せになるためにはどうしたらいいだろう？」って発想するほうが、よほど、お金持ちに近づけると私は思うんです。

下を向いて宝くじを買うよりも、胸をはって自分を肯定すること、認めてあげることから始めましょう。

Point

背筋をしゃんと伸ばして、笑顔で挨拶するほうが幸せに近づける。

胸をはって自分を肯定することから始めよう。

Story

夢を叶えるストーリー 4

独立からどん底、そして現在

「お給料の3倍稼げるようになったら、独立しよう」

そう決心した私は、勤めていた会社の仕事と自分のお花の仕事をかけもちして、眠っているとき以外は全部仕事というくらい、働きづめの日々を送っていました。

身体がボロボロになるかというくらい働いて、お花の仕事での稼ぎがお給料の3倍になり、完全に独立することができたのは27歳の夏でした。

18歳の頃から、なりたくてしょうがなかった女性起業家にやっとなれたのです。

偶然、ラッキーにも借りられた事務所は四・二坪という狭いところだったけれど、自分だけのお城。ここからすべてが始まるんだわと思ったら、本当にうれしくて、うれしくて、何もかもがキラキラと輝いているように見えたものです。

それまではOLと二束のわらじだったので、週末につくり置きのできる造花のお仕事しかできませんでしたが、独立したらさっそく、生花のブーケをつくったり、フラワーアレンジメントの教室も開いたりしました。

会社勤めをしながら身につけていたことが、どんどん形になっていって、3年ぐらい続けていくとすごい勢いで売上げも伸びていきました。取引先もどんどん広がって、お仕事もたくさん頼まれるようになって、収入もあれよあれよという間に

ＯＬ時代の5倍くらいになっていました。

すっかり自信をつけた私は、「もっと大きい事務所を借りてもいいかな」と考えるようになり、どこかにいいところがないか探していたとき、青山の一等地にあるビルを見つけました。そこは場所がいい割に賃料も保証金も思っていたより安かったのです。オーナーのおじいさんとの交渉はトントン拍子に進み、最終的にはビルごと借りられることになりました。

ただ、そこはすごく古いビルだったので、窓も小さく、外観もそれなりにレトロでした。「外側をきれいにしたらすごく目立つし、仕事もうまくいくだろうな」と思った私は、知り合いにお願いしてネオンアートを施してもらい、ビルの正面は上から下まで全部ガラス張りにして、1階はショップ、2階はレッスンの教室、3階を事務所にして、私好みのビルに様変わりさせました。ところが、それが間違いの元だったのです。

入居のとき、「私のビルだから、何かするときは必ず報告すること。内装はいいが、外装は変えないことが基本」って言われていたのですが、私はそれを軽く聞き流していました。

おじいさんは外装に手を加えたことをカンカンに怒って、「とにかく元に戻せ」など、抗議は毎日のように続きました。私は心の中で、「すごくオシャレになったんだからこのほうがいいでしょ」と思っていましたが、とうとう頭にきて、「じゃ、いいですよ、元に戻せばいいのですよね」と言って、退去を宣告しました。結局、入居してから一年たらずでビルを去ることになったのです。

その後、そのビルにはエステの会社が入ったようで、古いビルをそのまま、うまく活かしてお商売をしている様子を見たとき、私は初めて「自分が悪かったんだ」と気づいたんです。そして心の底から申しわけない気持ちでいっぱいになりました。

いま思えば、当時の私はいい気になっていたんでしょうね。売上げが急上昇して、天狗になっていたのかも。

その後、ビルの外装のやり直し費用など新たな借金を抱えて、本当に大変な日々を送りました。まさに「どん底」を味わったのです。でも人間は「どん底」にいるときほど「どん底」を認められないものなんです。認めてしまうと立ち直れないからかもしれません。

私も、「大丈夫、大丈夫、頑張ろう」と自分を励ましながら、がむしゃらに頑張りました。そしてちょっとだけ「どん底」から這い上がれたとき、仕事以外に何もなく、また夢を叶えるという自信も失いかけている自分に気づきました。

悲しくなって、神様に「今度生まれ変わったときには、自分の夢を叶えられる人になりたいです」って言ったんです。すると不思議なことに、

それからしばらくして大きな仕事が決まり、借金を順調に返していけるようになりました。

「どん底」を経験して、自分を見つめなおすことができた。本当にたくさんのことを学びました。

あのときがあったから、いまの水崎朝恵がある。

木箱に入れておきたいくらい貴重な経験ですが、そう思えるまでに、かなり時間がかかりました。

Chapter5

もう一歩
幸せになるために

いつもＷＨＹ？で考える

どんなことでも、いつもＷＨＹ？　で考える。それが私の習慣になっています。「どうして？」と理由を考えていると、世の中のあらゆることを、いろんな角度から見られるようになるのです。

どうして、あのレストランはいつも満席なんだろう？
どうして、日本の電車は、時刻表どおりに発着できるんだろう？
どうして、社長をやっている人はお酒を飲んでも乱れないんだろう？

よく小さい子どもが「ねえ、何で？　これは何で？」って言いますよね。私はまさにそんな感じで、普通の人がスルーしちゃうことがやけに気になって、その理由を考えずにいられないんです。

だって、ＷＨＹ？　で考えていくと、その先には根っこのようにいろんな答えがついていて、その一つひとつがすごく面白かったりするんですよ。答えを知る前に、予測するのも楽しいし。

たとえば先日、歯医者さんに行ったとき、「あること」に気づいたんです。待合室から診察室に行く途中って、必ず一段、床が上がってるんですよね。段がない歯医者さんではスロープになっている。これはどこの歯医者さんに行っても同じだったんです。

どうして診察室の床のほうが高いの？

まわりの人はみんな、「そんなのたまたまでしょう」「上がっても、下がっても、どっちでもいいじゃない」って反応だったのですが、きっと何か理由があるはずと思っていろいろ考えているうちに、ハッと気づいたんです。

診察室には治療の機械がたくさんあるけど、床はスッキリしている。ということは、大量のケーブルが床下に収納されているんじゃないかしら。よくわからないけど……きっとそう。

歯医者さんに確かめてみたら、みごと正解でした。

それがわかったから、何か得したというわけではないんですが、目にするもの、耳にすることにいつもWHY？　で考えていると、とことん観察する力が身につくんですね。

「どうして○○なんだろう？」の答えは、五感をフルに使って情報をキャッチしないとたどりつけません。WHY？　の答えはたいてい、ひとつではありません。

「このレストランはどうして満席なんだろう」の答えは、お料理の味だけじゃなく、立地だったり、価格だったり、店員さんのサービスだったり、内装のセンスだったり、メニューの斬新さだったりするわけです。

こんなふうに、あらゆる角度からものごとを観察して、答えを考えていくと、頭が鍛えられて、ふだんの生活やビジネスに応用できるようになるんです。
そして自分のビジネスにも取り入れてみようとなるのです。名づけて〝置き換えの法則〟かしら。

WHY？ をつきつめて考え、自分の中にデータを蓄える。それはきっと、ビジネスや人生におけるヒントになったりもするんですよね。

Point

「どうして」と考えると、見えない答えが見えてくる。
WHY？ で考え、データを蓄えて、ビジネスや人生に応用しよう。

依存の次は自立

この世にオギャーと生まれてきた赤ん坊は、最初は親に守られていないと生きていけない弱い存在。だけど、ハイハイから卒業して、自分の足で行きたいほうへ歩けるようになっていく。一つひとつ言葉を覚え、自分の思いをまわりに伝えられるようになっていく。

そうやって少しずつ、「自分の力でできること」が増えていくにしたがって、人は自立に近づいていくのだと思います。

だけど、20歳を過ぎて大人になってもなお、人はなかなか、完全には自立できないものですよね。自分で働いてお金を稼ぎ、立派に生計を立てていたとしても。

それは、何かを判断するとき、無意識のうちに「親の影響」だと言いわけをする習慣が残っているからかもしれません。〝トラウマ〟みたいなものかしら。

とくに、頑なに「こうでなければいけない」というきびしい親に育てられちゃうと、何ごとも「〇〇しなければならない」「〇〇であるべき」という考えかたの癖がついて、自分自身に対しても人やモノに対しても、全部そういうふうにジャッジしちゃうようになる。

やりたいことがあるのに我慢してしまったときは、
「子どもの頃から、そういうのはダメって言われてきたから」
自分の性格で嫌なところを見つけたときは、
「うちは母親がきびしすぎたから、私も人にきつくなってしまうんだわ」

そんなふうに、「親の育てかた」に原因があるように考えてしまうのは、まだ親に依存している証拠かもしれませんね。

大人になっても「親のトラウマ」から離れられない人って、案外多いように思えます。この世に生まれたとき、いちばん最初は親しかいないので、影響を受けるのはみんな当たり前のこと。

ただ、その親がダメなわけでもなく、いいわけでもない。親は親で、自分の親（あなたにとっては祖父母になる人）から影響を受けていて、その祖父母の背景にも、その親の存在がある。さらに、その人たちが生きてきた時代や社会状況にも影響を受けているので、いまの時代に合わなくなってくるのは仕方がないこと。

そんなふうに、親のバックグラウンドも理解して、フラットな気持ちになることが大事。

そして自分だって、悪いわけでもなく、いいわけでもない。

親の生きてきた時代と、自分が生きている時代は同じじゃない。

だから、「そういう考えかたもあるんだ」と、親のことをまず認めたうえで、自分自身を認めてあげる。「昔は昔、今は今」と分けて考えて、親の考えから自分を解放してあげてください。

「親も自分も、それぞれひとりの人間なんだ」と、切り離して考えられるようになったとき、人は依存から自立にシフトして、自分の力で幸せをつかめるようになるのです。

Point

「親の影響」と思うことから、一歩離れよう。

親のことを認め、自分のことも認めて、依存から自立へステップアップ！

よくないところは勇気を持って認める

「へんな反省はしなくていい、よくないところは素直に認めよう。勇気を出して」と、私はよく会社のスタッフに言っています。

何か失敗をしたとき、普通はまず「反省しなさい」と言われると思うのですが、それよりも、失敗したという事実を受け入れ、認めるほうが大事だと私は思うから。

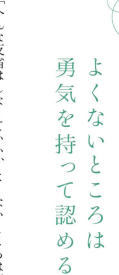

反省の仕方は人それぞれで、肩をガクッと落として、ひたすらシュンとしてしまう人もいれば、「私はそんなつもりじゃなかったんですが……」と言いわけをまぜる人もいます。

でも肝心なのは、いま起こった出来事に対して、これからどうすればいいか、ということ。落ち込むことも、言いわけをすることも、じつは何の役にも立たないんです。

みんなから「あなたのせいじゃないよ」「運が悪かっただけだよ」って言われるような反省の仕方では、意味がないのです。

それよりも大切なのは、二度と同じ間違いを起こさないために、どうすればいいかを考えること。

そのためには、まず最初に自分のよくなかった点を受け入れないといけません。何がよくなかったのかを見つけ、それを明確に把握しなくてはなりません。

よくないところを認めるのは誰しも気が進まないし、勇気がいること。嫌な現実を目の当たりにしなくてはならないし、自分のいたらなさをさらけ出すようで、つらい思いもします。反省するよりも、認めることのほうが、ときには残酷だったりもしますから。

だけど、よくないところと向き合うことで初めて、それを防ぐための工夫という名の知恵が出てくる。結果その人は一歩成長でき、二度と同じことでお客様に嫌な思いをさせないで済むのです。

もしもあなたが何か失敗をして、「反省しなさい」と言われることがあったら、勇気を出して失敗を認め、その事実と向き合ってみましょう。

反省しなさいと言った人は、あなたの人間性まで疑ってるわけではありません。いま起きたひとつの失敗に対して、今後はどうすればいいか、その答えを知りたがっているだけなのです。

いつ、どういう状況でそれが起きたのか。勘違いがあったなら、どうして勘違いしたのか。そこをうやむやにしないで、きちんと考えるようにしてください。

そして、次はどうしたらそういうことがなくなるかを考えましょう。

どんなお仕事でもそうだと思うのですが、ミスがないということのほうが少ないと思うのです。

だからこそ、みんなミスを少なくするために試行錯誤したり、工夫をしているわけですよね。

だから自己流の反省はやめて、まずはよくなかった点を認めましょう。

勇気を出して認めたあなたを、まわりの人もきっと、もっと評価してくれますよ。

Point

反省よりも、自分のよくなかった点を認めることから始めましょう。

次のために、どうすればいいかを、きちんと考えよう。

見直しデーをつくる

いまの自分を変えたい、何かにチャレンジしたい、もっと充実した毎日を送りたいと思う人におすすめの方法があります。

それは、曜日ごとにテーマを変えた見直しデーをつくること。

たとえばこんなふうに――。

月曜日……「自分がトライしていること」
火曜日……「誰かのためにした、いいこと」
水曜日……「言われてうれしかったこと」
木曜日……「失敗したと思ったこと」
金曜日……「仕事でよかった出来事ベスト10」

土曜日……「プライベートでよかった出来事ベスト10」
日曜日……「先週、トライしてうまくいったこと」

一日の終わりに、たとえば、お風呂に入りながら、曜日ごとにテーマを変えて自分を見直してみてください。

見直しの作業は、できれば声に出して言ってみてくださいね。自分の声って、脳のいちばん深いところに入っていくものなので、声に出すのはとても効果的。しゃべったと同時に「あっ、そういうことか」って気づいたりすることもあります。これは自分と向き合うとか、自分の本心を確認するとか、本当の自分を知るというとても大切な作業だと私は思うのです。

そして見直しの最後に絶対に言って欲しいのが、「大丈夫、絶対できる、頑張ろう」という自分への励ましのメッセージ。この通りでなくても、あなたが本当にモチベーションが上がるなって言葉なら、何でもかまいません。

反省の見直しデーであっても、最後は必ず、楽しく終われるようにしていくのがポイント。楽しく終われないと、またやろうって気分になりませんからね。あんまり謙虚にならないで、楽しくね。

一日を終えた自分の身体と心をいたわりながら、最近の自分を振り返って、新しい一日を元気よく迎えてください。

さらに、1ヶ月に1回とか、2ヶ月に1回くらいのペースで、「持ち物の見直しデー」をつくるのもおすすめです。本当に好きなものとそうでもないものをより分けていくんです。

いま断捨離がはやっていますが、本当に好きなものだったら、いま使っていないからといって捨ててしまうのはよくないと私は思うの。

たとえば、「着ていないけど、これは好き」って思うお洋服は、無理に捨てなくていい。

「今日は捨てるものがないな」と思ったら、それはそれでOKです。そのかわり、次の月に見たら、捨てるものが見つかったりするかもしれない。人の気持ちは動いていくものだから、見直しも素直に、「そのとき」の気持ちに正直になればいいと思うのです。

まずはより高いイメージが大切です。空想も。なりたい自分をイメージし、なりきって行動して見直す。いいですか！　より高いイメージを持ってね。

見直しデーを設けることで、頭の中も心の中もお部屋の中も整理整頓。スッキリ、前向きな気持ちで次の日を迎えられるようになりますよ。きっと。

高い意識を持って、ステキに日々を過ごしましょう。

Point

- 一日の終わりに、「大丈夫、絶対できる、頑張ろう」と声に出してみて。
- イメージが大切。高いイメージを持って、見直して。

プロ意識を持つ

プロ意識を持つ。言葉にするのは簡単だけど、実際にできているかといったら、完璧とはなかなか言えないものですよね。

私は、「心技体（しんぎたい）がそろって、初めてプロといえる」って思っているのです。心技体はもともと、相撲とか武術で使われている言葉で、それぞれ意味があります。

「心」……精神的な修養
「技」……技術の訓練
「体」……身体の育成

よく私たちのような技術職のなかには、「技」ができていればそれでいいと思ってしまう人もいるようですが、プロとして技術ができるのは当たり前。3つのうちのひとつしかできていないのです。

たとえばお花屋さんの仕事なら、「花束を上手に、早くつくれればいい」というのは勘違い。お客様との短い会話の中で、本当に喜んでもらえる花束を提案できるのか、「また来たい」と思ってもらえる対応ができるのか、という「心」の部分も問われます。

そして日々、病気をしないで体調を万全にキープできるのか、という「体」も大切なこと。

だから、心技体の3つがそろって初めてプロと呼べる。と、これもアサエ流。

どんな職業の人でも、プロ意識を高く持っている人って何てステキなんだろうって私は思うんです。

そして、すべての仕事に言えることですが、お金をいただくイコール、プロなんですよね。

和気あいあい、楽しくというのはすごくいいことだし、うちのスタッフにも大事なことだと言っていますが、「その前に、私たちはプロの集まりです」「利益が黒になって初めてプロ、トントンだったら素人さん、赤字だったらボランティア」ということを常にアナウンスしています。

だからうちのスタッフたちはみんな向上心を持ち続けていて、「次はこれができるようになりたいです」みたいに、高い意識を持ってくれています。


同じミスを二度としないように、そのつど工夫するのもプロ。

お金をもらっていながら「すみませんでした。間違えました」では通用しません。

だから間違いが起きないよう、うちの会社では「言われたことを確認するとき、絶対にオウム返しはしない」「同じ意味でも、違う言葉で確認しあう」というルールをつくっています。


仕事は心技体を学ぶところなので、多少のきびしさがあるのは当たり前。でも、だからこそ仕事は人を成長させてくれます。

また、プライベートとお仕事は別です。お仕事中心の毎日を送ってしまうと、「仕事＝自分」というヘンな感情が生まれ、仕事上で注意を受けても、自分自身が否定されていると勘違いしてしまいます。プロのお仕事とプライベートは別です。公私混同を控えることは、よりお仕事がうまくいくコツかもしれません。

プライベートはしっかり遊びましょう。

Point

心技体の3つがそろって初めてプロ。
「私はプロです」と胸をはって言えるようになりましょう。

存在給を上げる

お給料は、存在感の大きい人ほど、高くなっていくものではないかと、私は思っています。

これを私は「存在給」と呼んでいます。能力によって決まる能力給があるように、存在感によって決まる存在給というものがあると思うのです。

でも、人が人を評価するときって、見ているのは数字に表れる成績だけじゃありませんよね。

リーダーシップがとれるとか、話題が豊富とか、一緒にいると癒されるとか、いつもよく笑っているとか……。その人を思い浮かべたとき、パッと浮かんでくるよいイメージも、意外とお給料にカウントされているものなんだと思うのです。

存在給を上げたいと思うなら、自分のイメージを高く、プラスに持つということがとても大事ですね。

私が会社のスタッフにいつも言っているのは、「プロ意識を持とう」というもの。前の項目（146ページ）でも触れましたが、仕事って、意識の持ちかたひとつで成果が全然変わってきます。もちろん、挨拶の仕方とか、姿勢のよさとか、言葉づかいなんかも含まれますよね。

あんまり意識したことがないなって人は、自分がプロとして、クオリティの高い仕事ができているかどうかをぜひ見直してみて。

社内でたくさんお給料をもらっている人をじっくり観察してみるのもいいかもしれませんね。

その人は明らかに、周囲とは雰囲気が違っているはずです。会社の中での存在感が大きいはずです。もし、その人のようになりたいのなら、行動を真似してみるのもひとつの方法ですね。

いまの立場がマンネリ化してるなって思っているなら、何かの幹事を引き受けてみるとか、何か新しいアイディアを出してみるとか、何かにチャレンジするといいですね。

最初はとってつけたようになるかもしれないし、ちょっと居心地も悪いかもしれない。油断するとすぐ元の状態に戻ってしまうかもしれないけど、これは慣れの問題。高いイメージを持ち続けていれば、行動に結びつくし、行動に結びつけば、本当にそういうふうに変わっていけるものなのです。

あとは会社の中だけにこもっていないで、外の世界をのぞいてみるのもすごくいいこと。どんなに大きい会社でも、それは社会の中のほんの一部でしかありません。だから、いろんなところをちょっとずつ見て、視野を広げるということが大事だと思いませんか。

一回きりの体験教室でもセミナーでもパーティーでもいい。いろんな場所の空気を感じ、いろんな人に会ってみる。ふだんは乗らない電車に乗るだけでも、見えてくる世界観が変わったりします。

存在給を上げるには、自分の意識を変えることが何より大事。人間ウォッチングをし、高いイメージを持ち続け、行動・実行する。そして多くの経験をし、自信を持つと、あなたの存在感はどんどん大きくなっていくはずです。

Point

プラスで高いイメージを持って、
存在給が高い人になろう。
会社の中だけでなく、外の世界ものぞいてみよう。

Story

夢を叶えるストーリー5

一流ショップでブランディングを学ぶ

ブライダルのフラワーデザインは、スペシャルな日の空気感を演出するお仕事。なので、ふだんから上質なサービスを知っておく必要があります。

私が時々ブランドショップに立ち寄るのは、そのためでもあります。

一流といわれるショップでは、スタッフ全員が、常連のお客様の顔や名前はもちろん、細かい好みもきちんと把握していて、とても参考になります。

バッグやお洋服の品質がいいというだけでなく、そこで働いているスタッフの意識もすばらしいんです。スタッフの立ち居振る舞いや表情、お客様とのやりとり。その一つひとつがブランドの価値をますます高めている。それが伝わってくるのです。サービスの方法はブランドごとに違ったりしますが、どこも一定の水準以上のサービスレベルをきちっと維持しています。

他にもショップの外観、内装、ディスプレイやお花の飾りかた……。見るだけで学べるところがたくさんあります。スペシャルカードもそう。とってもオシャレ。クリエイティブな人たちが集まってつくり上げていることがよくわかります。

私も会社を経営しているので、参考になることが大変多いです。

伝統もあるし、斬新なものにもチャレンジする。そういう空間から刺激を受け、多くのことを吸収できるのです。昔は、前を通り過ぎるだけで緊張したブランドショップだったけど、入ってみないと意外にわからない。初めてのときは不安だったけど、トライしたから、得られたものが多かったと思います。

ブライダルの現場がホテルなので、いろんなホテルへも出かけます。

ホテルも一流のサービスを学べる格好の場所。外資系の某有名ホテルは、クレド（経営理念）を取り入れ、クレドを全社員が共有することで、ホテルのサービスのありかたをスタッフ全員に浸透させています。

私の会社にもクレドがありますが、これはホテルを参考に取り入れたもの。ですから私はスタッフにも、

「ステキなところやホテルに行って、いまの流行を見ていらっしゃいね」

「ただ行くだけじゃなく、見る、知る、学ぶことをしていらっしゃい」

「そして、どうだったか教えてね」

と言っています。

お花がどう飾られているかを見るのはもちろんですが、食事をすることも大事。とくにお茶をするときはコーヒーではなく紅茶を頼むといいんです。

なぜならば、紅茶はホテルごとにオリジナルブレンドなどがあり、どんな個性を打ち出しているかがまず伺えます。いろいろ飲み比べることで勉強にもなるし、カップとソーサーだけのコーヒーと違って、紅茶はポットやカップ、ティー・コージーのデザインや、キャンドルウォーマーなどでのサーブの仕方も参考になります。

ホテルのサービスで個性が表れるのが、アフタヌーンティーセット。2段とか3段のアフタヌーンティースタンドにサンドイッチやスコーンをのせて、紅茶とセットでサーブするメニューです。アフタヌーンティーは各ホテルがとても力を入れているサービスなので、比べるといろんな違いがわかります。スイーツの種類が多かったり、珍しいフレーバーをそろえていたり。


個性的でステキなサービスに出会ったら、私はフラワーデザインに置き換えて考えます。

「こんなサービスをうちでやるには、どうすればいいかな」

「こういうオリジナリティの出しかた、面白いかも」

そして実際に、実行してみるのです。

なんとなくいい気分にひたって、なんとなくお

金を使うのではなく、五感をフルに使って味わいつくすのがアサエ流。そうやって身につけたものが、仕事の新しいアイディアにつながっていくのです。

Chapter6

もう、もう一歩
幸せになるために

幸せになるお金の使いかた

よく時間の使いかたでその人がわかるといいますが、お金の使いかたもそう。個性が表れると思うのですが、ここでは私、アサエ流お金の使いかたをご紹介します。

私がお金を使うときは、まず〝本当に自分のためになって、心がときめくことや物に使う〟心がウキウキ、ドキドキ、ワクワクして、自分にとってこれは必要、これがいいわと思えることを大事にしています。夢の実現のために、なりたい自分に近づくために、お金を使うのが私流です。物を買うときも、お勉強に使うときもそうでした。

20代の頃、ひとり暮らしを始めたばかりの私は貧乏で、服や美容にお金をかける余裕はまったくありませんでした。なので、お給料はほとんど、夢のために使いました。将来はフラワーデザイナーとして起業すると決めていたので、お花の資格をとるためにスクールへ通ったのです。

それは当時、私が1番やりたかったこと。心がウキウキ、ドキドキ、ワクワクすることです。そのため、私は誰よりも熱心に取り組み、短い期間で試験に合格し、コンテストで賞をとることまでできたのです。いまの自分があるのは、そのときのおかげです。

自分で汗水たらして働いたお金を使うわけですから、いい加減な使いかたをしたら、お金だってかわいそう。私はいつもそう思っています。

それから、「元はとる」「使った分の3倍は吸収しよう」ということも心がけています。100円使ったら300円分の価値が返ってくるように使う、というのが私のモットーです。月末のお支払いのときも、心の中で「ありがとう。いってらっしゃい。お友達をいっぱい連れて戻ってきてね」って心の中で話しかけています。

あと、これも大事にしているのですが、買い物をするときは必ず「これがいい！」

と言って買う。「これがいい！」って思えないでお金を使うのは、お金に対して失礼だし、せっかく自分のところに来てくれたお金なんだから、自分が本当に使いたいものに使ってあげたほうがお金も喜ぶ。喜べば、また帰ってきてくれる。そう思っています。

お洋服だったら、「私、これがいい！」と言って買う。着るときも「これ超いい！」「これ、すごくステキ！」って思いながら着ているんです。

「これがいい！」って思って着ていると自分もうれしいし、お洋服も輝く気がして、「似合ってますね。ステキですね」と言われる機会も増えるんです。ほめられると自分の意識もどんどん変わって、もっともっとステキになりたいと思うんです。これは、せっかく買ったお洋服を、より幸せに着るための魔法だと私は思っています。

買い物も勉強も、お金を使ってそれで終わりではもったいないことです。買ったものは大事に使い、勉強したことは実践しないとお金が無駄になる。だから稼ぎかたよりも、使いかたのほうが大切だと私は思うのです。

あと、「使いかた」には、時間、言葉、気、頭などいろいろあります。これらもすべて共通していることかもしれませんね。「使いかた」を工夫することはタダなので、誰でもいますぐできることでもありますよね。

お金を得るということは大変なことです。自分のところにやってきたお金を、自分も、お金も、本当に喜べる使いかたをして、あなたのこれからをワクワクときめかせてくださいね。自分の心が満たされると、まわりの人にも優しくなれますよ。

Point

〝本当に自分のためになる〟お金の使いかたが大事。
お金を使った後も大事。
大切に扱って、ちゃんと感謝しよう。

高い金額の買い物はモチベーションで割る

「これがいい！」「欲しい！」と思って値段を見たら、高かった――。

そんなとき、あきらめてしまう人、多いのかしら……。値段の高いものを買うのに、なんだか罪悪感をおぼえてしまうという感覚？

でも、高い買い物をするって本当に悪いことかしら？


私はこう思うの。

高い金額の買い物は、モチベーションで割って考えればいいって。


だって、「欲しい」「ステキ」って思ったわけでしょ？　心を動かされたわけでしょ？　高くても、本当に気に入ったものを買うという行為には、その「品物」

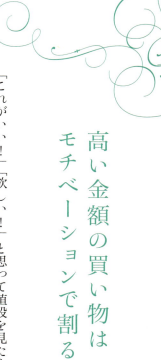

を手に入れる以上の意味があるのです。それを見るだけでウキウキして、エネルギーが満ちてくるのだとしたら、その買い物には、値段の中にモチベーションも入っていると思うの。

たとえば、ふだん持っているバッグの倍の値段のものを勇気を出して買ったとしましょう。それが、もう超好きで、そのバッグを持って外に出るのが楽しくなるとしたら、それだけで気持ちはマックスになるはず。

それに、お金を出した分、当然品質もいいものになっているはずだから、バッグを手にするたびにそれを実感できるし、自分が別人になった気分にさえもなるのです。

「やっぱり、手触りが違うわ」「質感もステキだわ」って、どんどんテンションがあがってきて、「よーし、今日も頑張って働こう！」となれば、その買い物は大成功。

ちょっとくらい高くても、それだけモチベーションが上がるのですから、バッグの値段は〝2〟で割って、その半分は楽しんでいる気分とモチベーション代だと思ったら、バッグの代金は実質半額なんです。

だから、「買っただけじゃなくて、モチベーションまで上げてくれる」ような買い物には、トライしてもいいと思うのです。

モチベーションを上げるって、なかなか難しいけれど、「ちょっと高いかな」と思うくらいの買い物をするだけで、意外と効果があるものですよ。だから、たまにはいいんじゃないかな。

そしてもうひとつ。1回使うたびに、値段を回数で割ってみるのもおすすめです。ちょっと高額なものにチャレンジするときは、「1回の使用料がいくら」というふうに、アサエ流レンタル価格で考えるのです。

たとえば、5万円のワンピースを買ったら、1回の値段は5万円だけど、5回着たら1回1万円。10回着たら5千円になる。いっぱい着れば着るほど1回が安くなっていくと考えると、なんだか楽に着られるでしょう。ちょっとした考えでチャレンジしてみると高価なものを手に入れることができるのです。

買う前に、「これ何回着るかな？」「気持ちがウキウキするわ」とシミュレーションするようにすれば、本当に気に入ったものにしか手を出さないので、結果的に無駄使いや失敗が減っていきます。

高い値段の買い物は、割り算して考えましょう。そうすればより品質のいいものに出会えるし、自分の意識も高く保つことができるのです。

そして、本物を知っていくことにもなります。

Point

モチベーションを上げてくれる、大好きなものを手に取り、買おう。

アサエ流レンタル価格も試してみて！

ハイヒールを選ぶわけ

私はいつも、ヒールの高い靴を履いています。
なぜなら、高いヒールが私を幸せな気分にさせてくれるからです。

品質のいいハイヒールには、技術とブランドの自信がつまっています。12センチのヒールでも計算しつくされているからグラつかない。

それにハイヒールを履くと目線もグッと上がるから、見える景色が変わる。「すごい。こんなにも違うんだ！」と衝撃を受けて、テンションが上がったことを覚えています。

それに、ちょっと目線を落とすと靴が見える。靴は服と違って、鏡がなくてもすぐに見られる。お気に入りの靴をいつでも見ることができるから、うれしい気分が続くんです。

あと、これが1番大事なこと。ハイヒールを履くとね、姿勢がよくなるの。お腹に力が入って背筋が伸びて、スタイルがよくなった気がするの。自分が変わった気がする。実際にショーウィンドウに映る自分のシルエットもステキに見えるし、自分になんだか自信がつくの。

だから、いまの自分を変えたい、自信をつけたいと思ったら、私はハイヒールをおすすめします。

「いい靴を履くと、ステキなところへ連れていってくれる」っていうフレーズもあるけれど、まさにそういう感じ。ステキになった自分を見ることで、自信がついてくる。そうすると、表情まで変わってくるんです。

できればいままでよりちょっと背伸びして、ヒールの高い靴、お値段の高い靴を選んでみるといろいろ変化を実感しやすいですよ。

足元が変われば、歩きかたも変わる。ちょっと意識をグレードアップしたいとき、てっとり早く叶えてくれるアイテム。それが靴なのです。

とくにハイヒールは、ふくらはぎの上方の筋肉が鍛えられるので、脚をきれいに見せてくれます。

でも靴には相性もあるから、そのへんはちょっと調べてみてね。

同じサイズでも、木型はメーカーによって違うから、あなたの足に合わないこともあります。いろいろ試して、履き心地がよくて、姿勢が美しくなる靴を選んでね。くれぐれも、靴を「歩くだけ」のためには選ばないでね。ウキウキ、ドキドキするものを、「これがいいわ!」「かわいい、ステキ!」って言いながら買ってね。お値段もいつもより、ちょっとだけ高いものにチャレンジしてみて。絶対大切にすると思うから。

そして一日歩いて帰って来たら、「今日も一日ありがとう」と感謝しながら汚れを落とし、「またお願いね」と言ってシューズボックスに戻してあげて。二日連続では履かないで、休ませてあげてね。

もちろん、「ヒールなんかなくても、私は自分に自信があるわ。疲れない靴のほうがいい」って人はそのままでいいでしょう。けれど、あなたのあこがれている女性、いいなと思う人がハイヒールを履いているなら、一度試してみる価値はあると思うわ。楽しんでみて。

Point

いまの自分を変えたかったら、ハイヒールがおすすめ。
ハイヒールを履いて、背筋を伸ばして、
いつもと違う自分になってみて。

シンデレラサイズを選ぶ

自分にピッタリのサイズのものに出会ったとき、私はうれしくなって、
「シンデレラサイズ！」
と、つい口に出てしまいます。ガラスの靴がピッタリ合って、王子様と再会したシンデレラのように、何かいいことが起きそうな予感がするし、運命的なものを感じるんです。

靴はもちろんだけど、お洋服を試着したときのシルエット、バッグを手にした感じ、コーヒーカップの取手に指をそえた感触、どんなものでも、「これはピッタリ、私に合ってる」と思えるものがあるはず。

シンデレラサイズを意識すると、見た目だけで衝動買いすることなく、本当に自分に合ったものを選べるようになります。

そして自分にピッタリ合うものは、使っていて心地がいいから、長く大切に使うようになるはずですよ。

「シンデレラサイズ」って、言葉にするだけでもウキウキしませんか？　あなたも一度試してみて。

私は先日、歯医者さんで歯を治しているとき、「わっ、シンデレラサイズ」って思わず言ってしまいました。

Point

毎日の生活の中に、シンデレラサイズを探してみて！
シンデレラサイズはきっと、
あなたに幸せを運んできてくれますよ。

嫌なことを言うときほど、愛情を持って言う

伝えたいことがあっても、それが相手にとって嫌なことだったりすると、言いづらいですよね。でも、そういうときほど、愛情を持って言うことが大事。

たとえば職場で、ちょっと仕事ができないかなって思える人がいたとします。その人が後輩や部下だったら、どうすればいいでしょうか。

「何でこんなこともできないの」って腹を立てたくなる気持ちもわかりますが、腹を立てたままの気持ちで何かを言っても、相手にはうまく伝わりません。それどころか、反発されてしまったり、心を閉ざされてしまったり……。

でも、そうなっても決して相手を責めてはいけません。

相手の反応は、自分を映す鏡のようなもの。相手が反発したということは、こちらの言いかたや態度の中に、相手への反発が見え隠れしていたということなのです。

仕事をうまくこなせない人を指導するのは手間がかかる——という気持ちはわかります。そういう人に、愛情を持って伝えるためには、「自分と相手は違うんだ。自分ができることでも、できない人もいるんだ」ということをまず自分自身が認め、相手に合う伝えかたを考えてみるといいんです。

相手がどんなことに興味があるか、どんな言葉をふだん口にしているか、仕事にどんなふうに取り組んでいるか、いろんなことに注意しながら、考えてみましょう。

できれば、相手の出している〝無言のメッセージ〟を感じてあげて。相手の雰囲気をみて、「なんとなく疲れてそう」とか、「いつもはもっと元気だし、口数も多いのにな」と感じたら、それをまず伝えてみる。

そして、「あなた個人のことを責めているわけじゃない」という空気感を出しな

がら、仕事の話をしてみる。たとえば、

「私たちはお金をいただいているプロなんだから、本当はこうしなくちゃいけないよね」

「プロとして考えたら、さっきのやりかたはどうかな？」

という言いかたをする。そうすると、人格を否定している感じにならないので、素直に聞いてもらえたりするんです。

何か失敗があったときも、

「たまたま、今日は仕事でよくなかったことがあるから、それを言うだけだからね」っていう思いで伝えるといいですね。


相手を力ずくで変えることはできないので、それならまず自分から先に変わろう、というのが私の考えかた。自分って、その気になれば意外とすぐに変われるものなんですよ。思ったらすぐ変われる。相手を変えるほうが本当に大変。エネルギーを使うから。

本当に愛情を持って言うことは、その人のためになるだけじゃなく、同時に自分のためにもなるんです。

私もそう思えるまで時間がかかりました。毎日呪文のように、「スタッフが好き?」から「大好き」、いまは「愛している」と言えるようになりました。毎日言い続けると、けっこう言えるものです。大丈夫、好きになれます。何ごとも。

まずは相手を観察し、自分自身が心から相手を大好きになって、愛情が持てるようになると伝えかたが変わります。愛情を持つと何でも伝えられるのです。

Point

相手を注意するときほど、愛情を持って伝えましょう。

相手を変えようとするより、自分が変わろう。それが何より早い。

魂に響くように伝える

私はいつも、誰かに自分の思いを伝えるとき、相手の魂に響くように心がけています。

急いでいたり、焦っていると、つい、自分の思いをストレートにぶつけてしまいがちですよね。でも、それではうまくいかないことが多いんです。

相手と自分は違う人間なので、言葉一つひとつの受け取りかたも違う。だから、相手の立場になって、魂に響くように伝えることが大事だと思うのです。

たとえば、みんなでお掃除をしているとき、掃きかたが足りない人がいるなって思ったら、こういう言いかたをしてみます。

「ほうきで掃くときは、ゴミだけを掃くんじゃなくて、悪い気も一緒に掃いてね」

「人が多いところは、よくない気もたまるからね。悪い気は下に落ちるから、それもしっかり掃くようにしてね」

そうすると、気合いの入れかたが変わるんです。必死になってほうきを動かし始めるんです。

「ゴミをきれいに掃いてね」と言うと、見えているゴミしか掃かないから、すみのほうまで掃かずに、なんとなくスルーする場所ができるんだけど、「悪い気も掃いて」と言うと、すみずみまで掃きたくなるんです。

それから床を磨くときは、

「みんな、消しちゃいたい過去ってない？　それがこの床に書いてあると思って消してみよう」

といいます。「床をきれいに磨きましょう」と言われるより、そちらのほうが楽しいみたいで、みんな目を輝かせて磨き始めます。で、終わると、びっくりするくらいきれいになっている。

同じことをするのにも、どう伝えるかによって、こんなにも反応が変わってしまうのです。

だから私は、自分の都合を押しつけるのではなく、「この人には、どう言ったら響くのかな」、「どう言えば、やる気が出るのかな」ということをいつも想像しています。それとユーモアも大切にしています。

その人が素直な人なら、うんとほめてやる気に火をつけようと思うし、負けず嫌いな人だったら、ほめるより、ちょっと挑発するようなことを言ったほうが、魂に届きやすくなります。相手が真剣であれば、自分も真剣に。相手の温度に合わせることが必要です。

伝えながら、肩にそっと手を置くのもいいですね。

触れるという仕草に、人の心は敏感に反応するものなんです。

なので、私はスタッフに声をかけながら、あえて手を触れながら話すよう心がけています。

日本人はあまりスキンシップをしませんが、ふだん触れあうことが少ないだけに、それだけでも相手のことを身近に感じる。触れることでさらに、心が通じるようになるものです。

ちょっとだけ相手の気持ちを想像して、ちょっとだけ伝えかたを工夫する。そしてちょっとだけ触れてみる。それだけで、あなたも驚くほど伝え上手になれますよ。

Point

相手の気持ちになって、心に届く言葉を伝えよう。

伝えかたで、受け取りかたも変わる。

忙しいときほど心がけてみて。

笑顔の筋肉を鍛えて
ステキなおばあちゃんになろう

笑顔のステキなおばあちゃんになりたい！

私がそう思うようになったのは、子どもの頃からです。


一緒に暮らしていた私のおばあちゃんは、いつもニコニコ、幸せそうな笑顔の人で、実際苦労もしたと思いますが、精一杯人生をエンジョイした人です。

そんな人ですから、いつも笑っているほっぺたはプクッと盛り上がっていて、てっぺんがツヤツヤ。目じりのまわりはシワがたくさんあったけど、眉間のシワはないんです。その表情が、子ども心にとっても魅力的に見えて、

「こういうステキなシワができるような年のとりかたをしたいな」

とずっと思ってきました。

そのせいか、年をとることに関して嫌だとか怖いというイメージはありません。「おばあちゃんみたいな笑顔」をイメージして笑っていると、ほっぺた全体が上にあがって、笑顔の筋肉が鍛えられるような気がするんです。

使っていない筋肉は衰えていきます。

いくつになっても、まわりから愛される人になれるよう、いまから笑顔の筋肉を鍛えて、笑顔のステキなおばあちゃんになりましょう。

Point

怒ってばっかりだと、
怒った顔のおばあちゃんになっちゃう。
笑顔の筋肉を鍛えて、笑顔の癖をつけましょう。

かわいがってもらいなさい

私は子どもの頃、母から「かわいがってもらいなさい」と言われて育ちました。「笑っていればかわいいから、笑ってなさい」とも言われましたね。実際、母の言う通り、笑っていると、不思議と人からかわいがってもらえるんです。

ここで言う「かわいい」というのは、笑顔でありがとうと言ったり、ご挨拶をちゃんとしましょうということ。「こびる」とはちょっと違うかしら。

いつもニコニコと感じよく、礼儀正しくしていれば、必ず目上の人や仕事相手に好感を持たれ、かわいがってもらえます。そして、かわいがってもらえれば、ピンチのときに助けてもらえたり、間違っていることを教えてもらえたりします。

頑張っていれば、引き上げてくれることもあるかもしれないから。
だから私は会社のスタッフにも、「かわいがってもらったほうがいいからね」「かわいがってもらおうね」って、ついつい言っちゃうんです。

みなさんも年齢に関係なく、かわいがられる人をめざしてみませんか。
人生の大事な場面でチャンスをつかめるかどうかは、案外、かわいがってもらえるかどうかにかかっているかもしれませんね。

Point

笑顔で礼儀正しく、きちんと挨拶して、好感を持ってもらいましょう。

年齢に関係なく、かわいがられる人をめざしましょう。

Story

夢を叶えるストーリー6

大好きなブライダルのお仕事について

年間千組以上。10年間で1万組ちかく、ブライダルのお花をデザインさせていただきました。

祖父母がお花をつくっていましたから、小さい頃から「いつも身近にあるもの」だったし、いまだに、お洋服など買うときは無意識にお花っぽいものをついつい選んでしまうくらい大好きです。

スタッフを採用するときも、志が同じでお花が大好きという人しか合格させませんでした。

でも、たんにお花が大好きってだけではブライダルのお仕事はつとまりません。

主役は式を挙げるお二人なので、できる限り先方のご要望を引き出して、それに沿ったものを仕上げるのがプロだと思っていますし、結婚式という特別なシチュエーションに使うお花には、いろんな配慮が求められます。

お花は、式の本番にきれいに咲くよう、少し開きかけの状態でセッティングするのが基本。一本一本手にとって、きれいに咲いたものだけを使うようにしています。

冬場はエアコンで会場が温まって、早めに咲きやすくなるのでお花選びにも細心の注意が必要です。花が開きすぎると、デザインが変わってしまうからです。

ちょっと咲きすぎちゃったお花には、「本番まで、もうちょっと頑張るんだよ」って話しかけたりします。すると嘘みたいな話ですが、お花達は頑張ってくれて、当日にはしっかり美しく咲いてくれるんです。だから一つひとつ気持ちをこめて、スタッフ全員でアレンジするようにしています。

ところで、みなさんはブーケの由来をご存知ですか？

ブーケといえば、花嫁さんの持ち物と思われていますが、本来は男性がプロポーズをするとき「結婚してください」って思いをこめて女性に渡す花束だったのです。そして女性のほうは、ＹＥＳのしるしにその花束から数本、お花を抜きとって男性の胸に挿す――。それがブートニアの由来。

だから、ブーケとブートニアは必ず同じお花じゃないといけないんです。たまに、「ブーケとブートニアは別のお花で」っていうお客様がいらっしゃるんですが、これにはステキなストーリーがあるのですよと由来をお話ししています。

結婚式は大切で特別なもの。やり直しがきかないから、どんなトラブルも許されません。「ご結婚なさるお二人のために誠心誠意取り組もうね。その人たちにとっては、一生に一度だからね」って、スタッフにも常に言っています。

結婚式というものは、ものすごくエネルギーを使うものなんです。知り合って、つき合って、そこに至るまでに大変な歴史があるわけで、お式にかかるお金だって、決して安いものではありません。結婚式用に毎月、お給料から積み立ててきたという人もいるはずです。

だから打ち合わせだって、真剣勝負です。一生懸命働いて稼いだ大切なお金を使って、「こうしよう、ああしよう」と思っていらっしゃるわけだから、ご希望をじっくり聞いてさしあげないといけません。相手の温度に合わせることが大切です。

さらにお二人の先に多くのお客様がいらっしゃる

ことも意識してお話をすることも大切。

ところで、不思議なのですが、結婚を控えた女性というのは、なんだかピンクが好きになるみたいです。「最近、ピンクが気になるのよね。昔はそんなに好きじゃなかったのに」と、お打ち合わせのときにおっしゃるお客様もいらっしゃるくらいで。

もしかすると、ピンクの気持ちになるというのか、女性にはそういう心理の変化があるんでしょうね。ピンクが好きになると、結婚の前触れなのかもしれませんよ。または恋愛体質になっているときなのかもしれません。そして、不思議とみんなきれいになるんですよね。瞳孔が開いて目がキラキラする。幸せオーラってこういうのを言うんだなって思うくらいです。

ただ、結婚式は女性だけのためにあるものではありません。式は本来、男の人のために挙げるべきだと私は思うんです。

なぜかというと、男の人に自覚と覚悟を持ってもらうため。挙式をすると、「こうやってみんなにお祝いしてもらったし、しっかりしないといけないな」「この女性と家庭を築いていこう」って自覚を持つし、覚悟が決まるような気がします。子どもから、ようやく大人になるって感じかな。

逆に女性のほうは、そういう自覚と覚悟のない相手は選ばないほうがいいかもしれないし、「結婚してもらう」「一生養ってもらう」という気持ちで一緒になると、相手に遠慮して、あわせていく人生になってしまうと思うの。人それぞれではありますが……。

打ち合わせのときも、旦那さんの顔色を気にして、本当に好きなものを選べない女性がたまにいるんです。好きなのに、値段を気にして言えないのね。

だけど、こちらはプロだから、予算の中でご希望に近づける方法はあります。「これをやりたい、あれをやりたい」っていう希望があるなら、できるだけ具体的に相談してみたほうがいいですよ。

一生に一度の結婚式なんだから、遠慮することはありません。

自分たちが主役なんだから、二人でうんと話し合って、コミュニケーションを深めて、楽しんで欲しいし、本当に好きなことを後悔しないでやったほうがいい。

ご両親やご親戚、ご招待のお客様を気にして、自分たちの優先順位を下げてしまうかたもいると思いますが、そこは間違えないで。気づかいは大切ですが、「結婚式は、自分たちが1番」でいいんですよ。何よりもまず、お互いを大切に思うこと、思い出をつくることを優先してください。

終わってから、「やって本当によかったね」って二人とも満足できる挙式。それができたら、きっとステキなご夫婦になれると思います。ときにケンカをしても思い出して欲しい。そんなステキな挙式にして欲しいんです。

Asae'sメソッド

Asaeオリジナル
誰でもできる　カンタン前向きメソッド

1　嫌なことはポイ捨てメソッド

なるべく大きな
紙がgood!
なければA4くらい
で大丈夫!!

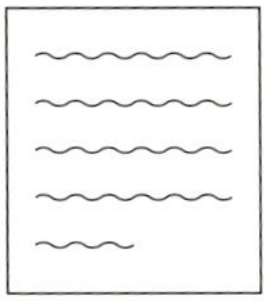

嫌なことを書く、
または頭の中に描く。

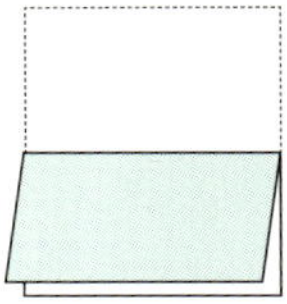

半分に折って、

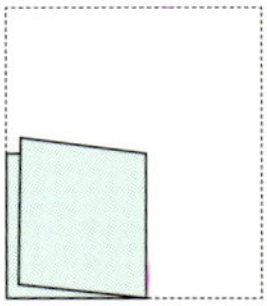

どんどん折って、

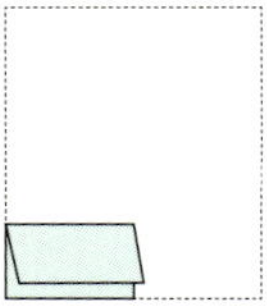

小さく小さく
していって…

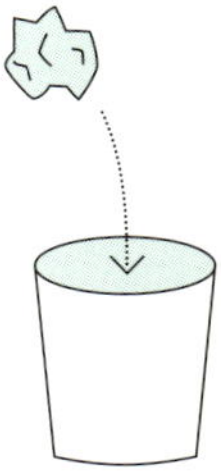

最後はクシャクシャ
にして捨てる。

嫌なことは小さく折って、
ポイッと捨てて、早く切り替えよう

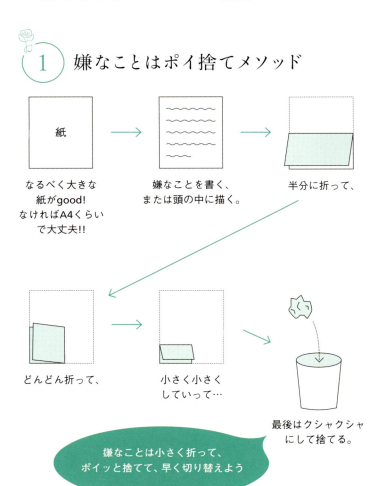

2 同じところでステイしないメソッド（隣のイスに座って考えよう）

同じところにいて、同じ考えを続けない。
動いて（隣のイスに座って）考えかたも変えて、
声に出して言ってみよう。

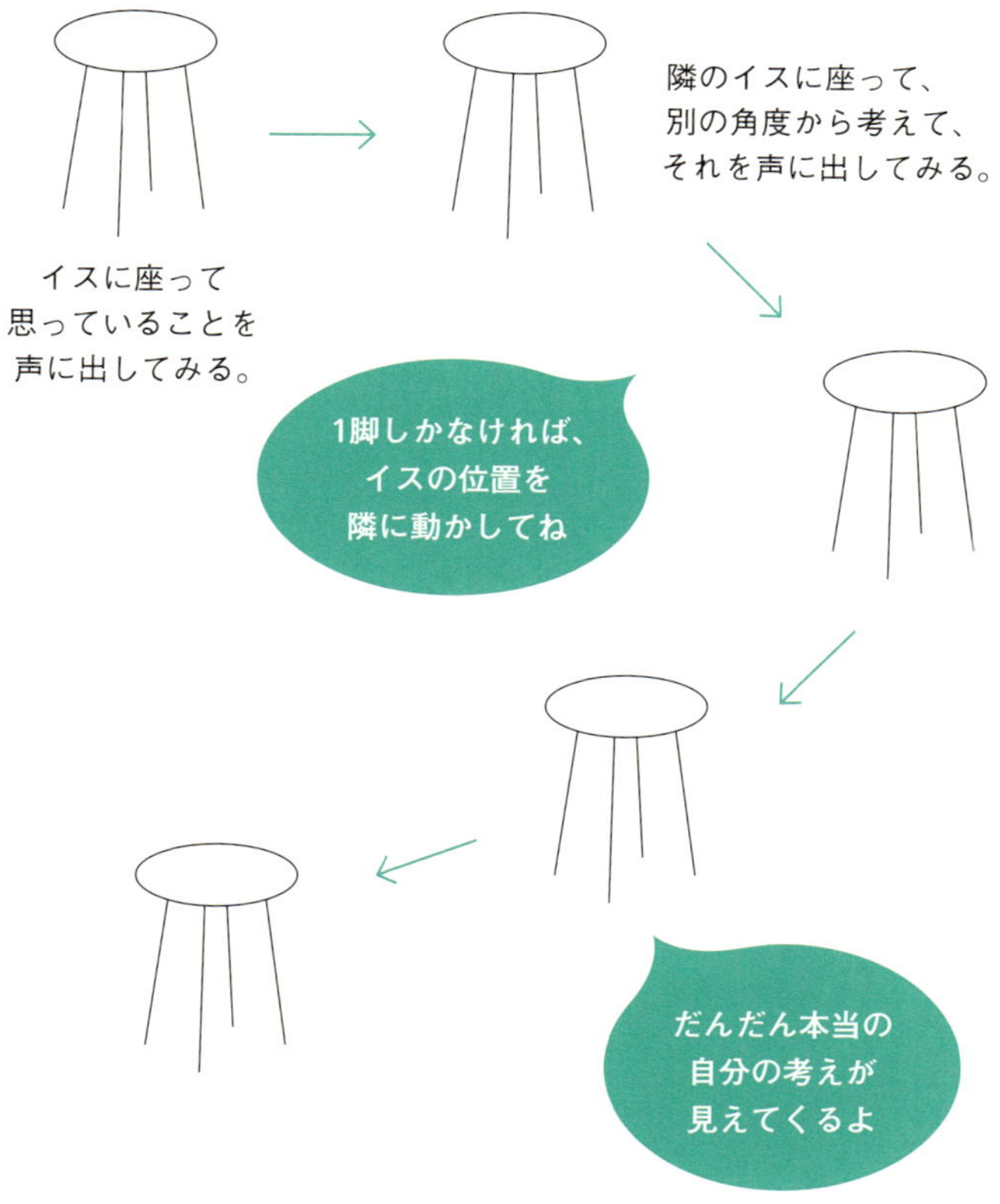

隣のイスに座って、
別の角度から考えて、
それを声に出してみる。
イスに座って
思っていることを
声に出してみる。
1脚しかなければ、
イスの位置を
隣に動かしてね
だんだん本当の
自分の考えが
見えてくるよ

3 耳ひっぱろうメソッド（ピッピッピッ！）

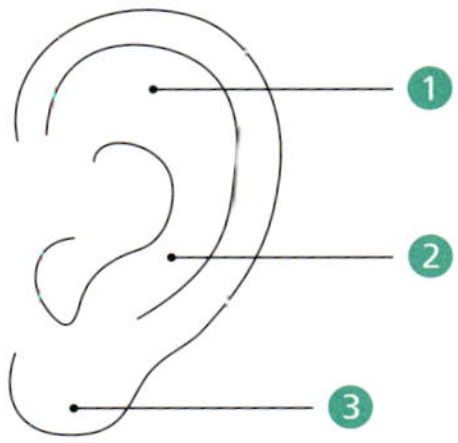

耳をやわらかくしましょう！
フニャフニャに

頭と気持ちがスッキリして、
嫌なことを考えなくなるよ

1 耳の上部をつまんで、3回ななめ上にひっぱる。

2 耳の真ん中をつまんで、3回横にひっぱる。

3 耳たぶをつまんで、3回下にひっぱる。

4 自分の後ろ姿を見ようメソッド

腰をひねって、自分の後ろ姿を
見るように振り返ってみて。
右・左交互にひねると、
どっちが振り返りやすいかわかるし、
腹筋が動いていることも分かるよ。
自分の後ろ姿を確認して、自分自身のことも
振り返って、前を向いて歩いていこう！

右・左をくりかえすと、
身体が軽くなってくるよ

5 夢を叶えるFLOWER BOXメソッド

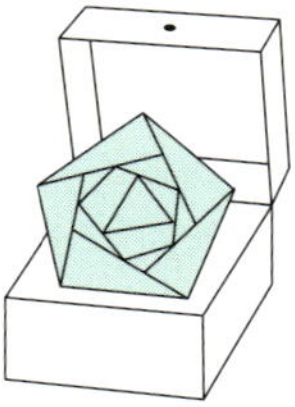

BOXのバラに向かって
自分の夢や希望を伝える。
BOXはOpenにする。

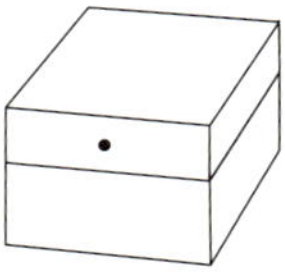

挫折しそうなとき、嫌なことが
あったときもバラに伝える。
BOXはCloseにする。

BOXはOpenとCloseどっちの状態が多いですか?
もしCloseのほうが多かったら、
嫌なことばかりに注目しているとき。
夢はいつも意識して、
前向きな気持ちでいるほうが叶う!

6 フラワーメソッド（感覚をフル活動）

お花を1輪飾るだけで、いいエネルギーをいただける。

1人1本、4人家族で4本の生花を飾るといいですよ。

香りを楽しみ、観て、触って、話しかけて、お花の声も聞いてみて。


お花は茎を短くしていくと長持ちします。

最後はフラワーバスを楽しんでね

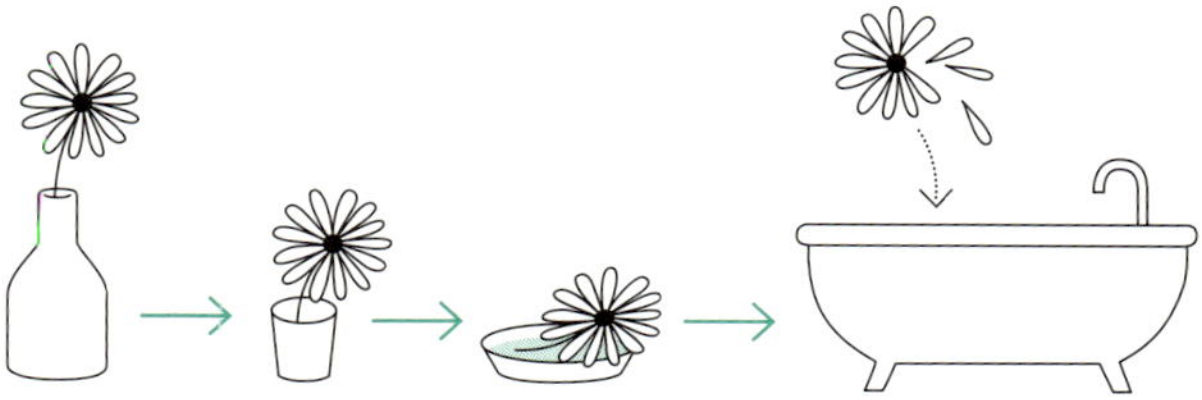

7 ステイしたいとき用メソッド

何をやってもうまくいかないときは、ステイしてもいいんですよ。

そんなときは、まず寝ましょう。ひざを立てて、右に倒して「どうしてなんだろう?」、左に倒して「なんでだろう?」と声に出して考える。これをくり返しながら自分自身と会話をして、気持ちの整理をしましょう。

これを続けると脚や腰が動くから、だんだん気持ちが晴れて、頭もスッキリして、身体全体を動かしたくなりますよ。やる気が出てきます!

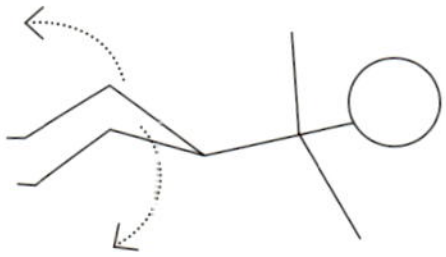

なんだか調子が悪いとき用の
準備体操ってカンジかな

8 せっぷく(＝責任をとる)練習メソッド

自分のやりたいことをするには、責任をとらないとできない。

でも責任をとるって、ものすごくコワいし勇気がいるよね。責任をとる覚悟がないと、夢は叶わない。

だから責任をとる練習も大事。

責任をとるとは腹をくくること。昔風に言うと"切腹"(せっぷく)。

なかなかできそうにないけど、腹をくくると何でもできるんです!

自分で決めたことを言った後に、「腹をくくりました!」と言って、お腹に刀を入れるポーズをとる。

「責任をとります!」という思いを持って取り組む覚悟が大切です。

取り組んでいると、だんだん責任をとることがコワくなくなり、トライしたくなるよ。


練習だから、また生き返ることができるよ。イメージが重要

Asae's 1番の夢を叶えるマジック

① 思　う → 自分の好きなことや得意なことから、何をしたいかを考え選ぶ。願いや夢は、思いが強ければ強いだけいい。

↓

② 言　う → 声に出すことが大切。自分への確認にもなる。

↓

③ 行　動 → 行動しなければ何も始まらない。まずは勇気をもって動き出すことが大切。行動したこと自体が成功だから。

↓

④ 工　夫 → 人と同じことをしているだけでは、ふつうの人。工夫して自分のオリジナリティを生み出そう。

↓

⑤ 感じる → つらいことや、楽しいことなど多くのことを感じ、人のありがたさや愛を感じる。

↓

⑥ 自　信 → 何かをやり遂げたことによるプレゼントが、お金で買えない“自信”。“自信”は自分を信じると書く。自分を信じ、自分の願いを最後までやりきる。そうしないと得られない。“自信”は自分で感じるものだから。これこそが成功体験！ 一度手に入れると、様々な場面で置き換えられる、永遠に手にすることができるマジック!!

Royal Flower
クレド

私　花を愛する仲間達は
プロとして1人でも多くのお客様に
喜んでいただける様
スタッフ一同
協力し合い
提案し合い
互いが幸せになるために
実行することを惜しみません

1人の幸せは
多くの人の幸せにつながる

楽しもう　仕事と人生を
大切にしよう　時間と出逢いを

＊私の会社のクレド（経営理念）です。

あとがき

最後までお読みいただきまして、誠にありがとうございます。いかがでしたか？

夢である女性起業家になるために、私はお花を扱う仕事を選びました。それは、生花業を営む家に生まれてきたことが影響しているとも思いますが、子どもは親を選んで生まれてきているともいえます。そこで私はどうしてこの家に生れてきたのかという意味も考えてみました。

私は小さなときから、お花や観葉植物に触れ、遊び道具といえば、もういらなくなった葉っぱや茎、枝、土などでした。まさに自然の中で自然に触れて育ちました。何もないところから芽が出てぐんぐん伸びていく植物の成長の速さに、生きているんだわという実感がふつふつと湧き、お花の命の尊さや成長していく姿の美しさにみとれ、それをいつの間にか人に置きかえるようになりました。人も植物と同じなんだ……と。普通の人とは順番が逆かもしれませんね。そして、いままでに大きな病気もなく風邪すらひかない毎日を送ることができたのも、毎日のようにお花に触れてきたからではないかと思います。お花のまわりには妖精が飛んでいるから、嫌なことはぜんぶ持って行ってくれる。そんな気がするんです。

だからお花とふれあうことで、土を触ったり踏むことで、病んでしまった人の心や身体を取り戻せたらよいなとも思っています。

私は、これからもお花とふれあい、お花から離れることなくオリジナリティあふれるアイデアで、皆様の心の中に少しでも受け入れられる提案をしていきたいと思っています。また、皆様の夢を叶えるお手伝いができて、その結果、楽しく幸せな時間を過ごして頂けたら、さらに嬉しく思います。

人は長く生きれば長く生きた分だけ、いろいろなことがあります。またひとりでも生きてはいけません。ひとつ言えることは、必死に生きている人を神様は見捨てたりはしない。その人の悪い様には決してしないということです。あきらめないで、信じてあげて下さい。自分のことを……。そして励まし続けて欲しい。

また私は、ひとつの言葉の意味を把握するために両方の経験をさせて頂いています。たとえば、〝身体は大切〟であれば、健康であるときと病気であるときの両方を経験しなければ、その言葉の意味はわかりません。ですから、いまの自分はうまくいっていないと思う人は、ちょっと角度を変えて見直してみて。常識は非常識ですから、とらわれないで自分とよく相談して下さい。必ずよい考えが浮かび、よいほうに進みます。注意深く自分と向き合うと、たくさんの素敵な言葉がとびこんでくるはずですから。多くの方々に感謝して生きて、活かして参りましょう。

最後に、この私にブライダルフラワーの道を歩ませてくださったホテルの関係者の皆様に感謝申し上げます。まだ経験の浅い私を信じ任せて下さいました。きっと心配で仕方がなかったのではないかと思います。おかげで今度は自分がスタッフに、たとえ全くできなくてもやる気のある子には、一からコツコツと教えていこうと思わせて下さいました。人は自分が経験したことでないと、人にしてあげることができません。

そして、皆様のご支援のおかげで、人を雇用できるようになりました。この喜びは生涯忘れることができません。

私はこれからも、ひとりでも多くの方々の幸せのお手伝いができたら本当に幸せです。いままで同様ブライダルのお仕事と、夢を叶えたい方や、疲れてしまった人も元気にしてあげられるような幸せのお手伝いができればと、おこがましくも思っております。

私にもまだまだ夢があります。希望に満ちあふれた毎日を皆さんとともに歩めたらと思います。皆様に満ちあふれんばかりの夢と希望が生まれますように……。

この本の刊行にあたり、関係者の皆様に感謝の気持ちでいっぱいであることと、心からのお礼を申し上げます。私のやりたいようにさせてくれた弊社スタッフにも本当に感謝です。いつも応援してくれている友人、弟・妹にも感謝です。

そして最後に、私を生んでくれた母と、いまは亡き父へ心から感謝の気持ちを捧げます。本当に心から感謝の気持ちでいっぱいです。どうもありがとう。

水崎朝恵 Asae Mizusaki

ブライダルフラワーデザイナー。生花業を営む祖父母、両親のもと、3人きょうだいの長女として12月9日岐阜県に生まれる。現在東京在住。

曾祖父は、岐阜町（現・岐阜市）町長などを務めた後、韓国の大邱で花栽培や貯水池造成に成功した水崎林太郎。フラワーデザイナーの母、弟妹ともに生花業で活躍する花一族。

短大卒業後2年間カナダに留学。米国サンフランシスコにてインテリア会社に勤務後、帰国して食品会社企画部に就職。同時にフラワーデザインを学び、ウルズラ・ヴェゲナー、グレゴリー・レリッシュ両氏ら多くの外国人デザイナーの指導を受ける。

1995年にNFD主宰「日本フラワーデザイン展」（於 東武百貨店）のブーケ部門“東武百貨店賞”受賞。これを機に赤坂で起業し、雑誌、新聞、ショップチャンネルなど、多くのメディアに取り上げられ話題に。

2005年株式会社アクトミスを設立。ライトを使用する斬新なアレンジや小物を活かすオリジナリティー溢れるデザインを生み出し人気を博す。「ロイヤルホールヨコハマ」専属フラワーデザイナーとして年間1,000組以上のブライダルフラワーデザインを手がける。

2011年株式会社グレイスを設立。都内にてゲストハウスのフラワーデザインやレストランウエディングのトータルプロデュースも手掛ける。
グルースタンド（意匠登録商品）の発明者でもある。

2015年8月に起業してから20年目を迎える。今後もウエディングに留まらず、花や花をもちいた商品を通して多くの人の幸せのお手伝いができたらと願い、フラワーデザイン講習やワークショップを精力的に開催中。

http://www.asae-mizusaki.net
Facebook
http://www.facebook.com/asae.mizusaki

1番の夢を
叶えるために

2015年8月21日 初版第1刷発行

著者 水崎朝恵
発行人 牧野智彰
発行所 株式会社LUFTメディアコミュニケーション
〒105-0001 東京都港区虎ノ門1-17-1 虎ノ門5森ビル4F
TEL 03-5510-7725 FAX 03-5510-7726
編集協力 中津川詔子
写真 小林亜佑
ブックデザイン 株式会社アルビレオ
DTP 株式会社キャップス
印刷・製本 中央精版印刷株式会社

ISBN978-4-906784-40-0 C0095